Barry Taylor

Kalter Hauch

Barry Taylor
und Dan Wooding

Kalter Hauch

Als Roadie bei AC/DC

BRUNNEN VERLAG GIESSEN/BASEL

ABCteam-Bücher erscheinen in folgenden Verlagen:
Aussaat-Verlag Neukirchen-Vluyn
R. Brockhaus Verlag Wuppertal
Brunnen Verlag Gießen
Christliches Verlagshaus Stuttgart
(und Evangelischer Missionsverlag)
Oncken Verlag Wuppertal und Kassel

Titel der englischen Originalausgabe:
„Singing in the dark:
a rock n'roll roadie steps into the light"
Published by Kingsway publications Ltd.

Aus dem Englischen von Christiane Sauer

Die Deutsche Bibliothek – CIP-Einheitsaufnahme
Taylor, Barry:
Kalter Hauch: als Roadie bei AC/DC/
Barry Taylor und Dan Wooding. [Aus dem Engl.
von Christiane Sauer]. – 2. Aufl. –
Giessen; Basel: Brunnen-Verl., 1992
(ABC-Team; 3440)
ISBN 3-7655-3440-4
NE: GT

2. Auflage 1992

Umschlaggestaltung: Helmut Pfindel
Umschlagfoto: dpa-Novosti
Satz: Typostudio Rücker & Schmidt, Langgöns
Herstellung: Ebner Ulm

Inhalt

Rick Wakeman zu Barry Taylor und zu „Kalter Hauch“

In jedem Leben gibt es von Zeit zu Zeit Situationen, in denen eine ganze Menge Zivilcourage gefragt ist. Haben wir erst jene Krise bewältigt, wenden wir uns erleichtert wieder den Alltagsgeschäften zu.

Aber wie verhalte ich mich, wenn auf einmal mein ganzes Leben in Frage gestellt ist, wenn mir die ganze Welt sinnlos erscheint? Was tue ich, wenn der beste Freund plötzlich „sehr fromm“ wird, man selbst aber als Bühnenarbeiter und Tontechniker bei einer Heavy Metal-Band jobt und ein Leben führt, das mit Christsein soviel zu tun hat wie Kommunismus mit Margret Thatcher?

Hier geht es nicht einfach darum, was passiert, „wenn Gott mein Leben verändert“, sondern vielmehr darum, was passiert, „wenn Gott mein Leben verändern *will*“.

Leider wissen nur wenige Leute, daß Gott am Leben jedes einzelnen teilnehmen möchte, und leider ahnen noch weniger, daß er schon längst nach seiner geheimnisvollen Art am Werk ist.

Ein äußerst bemerkenswertes Beispiel dafür ist das Leben von Barry Taylor. Zweifellos hatte Gott bereits sehr hart an Barry gearbeitet, bevor er überhaupt etwas davon ahnte. Dabei war Gottes Handeln ausschlaggebend für alles, was später in Barrys Leben passierte.

Mit einem neuen Ziel und einer neuen Wirklichkeit in seinem Leben wurde Barry in mehr als einem Sinne des Wortes wiedergeboren.

Weit hergeholt? Überhaupt nicht. Obwohl ich kein literarisches Genie bin, fühle ich mich doch kompetent, dieses Vorwort zu schreiben. Denn ich bin noch in der Rock-Szene, von der Barry verschlungen wurde (wobei ich betonen möchte, daß die Gruppe, zu der ich gehöre, anders ist als viele solcher Bands; wenn das nicht so wäre, würde auch ich, wie Barry, nicht länger zur Szene gehören). Ebenfalls bin ich Christ, obwohl Gott noch sehr hart an mir arbeitet, um mir zu helfen, sein Ziel zu erreichen.

Barrys Geschichte ist eine packende Lektüre, aufrichtig und voller Beispiele für Zivilcourage. Wir können viel zwischen den Zeilen lesen, und wir werden uns – ob wir nun Christen sind oder nicht – fragen müssen, wie es um unser Leben bestellt ist.

Auf dem Trip

Huntingdon, eine nette Kleinstadt in England, 18 Meilen nordwestlich von Cambridge. Ich stand in der Küche unseres Hauses und schlug ein paar Eier in die Pfanne. Während meine glasigen Augen sich mühsam auf die Eier konzentrierten, hatte ich den dumpfen Eindruck, meine Mutter schwebe durch die Küche auf mich zu.

„Was machst du da eigentlich?" fragte sie freundlich.

„Was wohl? Ich mach' mir ein paar Spiegeleier", schnauzte ich zurück. Das war doch offensichtlich.

„Wie wär's, wenn du dann erst mal das Gas andrehst?" erwiderte sie mit ruhiger Stimme.

Ich wußte nicht, was ich antworten sollte. Natürlich, sie hatte recht, aber wenn man Spiegeleier machen will, nachdem man LSD genommen hat, übersieht man leicht das Selbstverständliche.

Meine Mutter jedenfalls sah mich leicht befremdet an: „Ist alles in Ordnung mit dir, mein Junge?"

„Ja, Mum, ich hab's halt vergessen."

Meine Mutter merkte nicht, was mit mir los war. Wie immer wollte sie nur das Beste von ihrem Sohn denken, und ich war erst 15. Wahrscheinlich hatte sie sogar noch nie von LSD gehört; tatsächlich wußte sie kaum, wer die Beatles waren.

Es gab keine traumatischen Ereignisse bei uns zu

Hause. Wir waren eine ganz normale Arbeiterfamilie. Mein Vater Dennis arbeitete bei einer Firma, die Gasleitungen installierte, meine Mutter als Verkäuferin in einem Süßwarengeschäft. Ich hatte noch einen jüngeren Bruder, Brian. Wir wohnten in einer Sozialwohnung, und unser Leben war eingebunden in das soziale Gefüge unserer Umgebung. Es gab keine Szenen bei uns zu Hause – wir lebten nebeneinander her und hatten uns nicht viel zu sagen. Es herrschte eine leicht gereizte und ziemlich schweigsame Atmosphäre. Das Haus und seine Möbel waren Requisiten für die Farce, die mein Leben geworden war.

Meine Schulzeit verbrachte ich im Hinchingbrooke, einem traditionsreichen Gymnasium. Vielleicht hatte das meinen Horizont ein bißchen erweitert, aber anstatt diese Chance zu nutzen, brachte mich irgend etwas in mir dazu, mich selbst zu zerstören. Ich würde nie Oliver Cromwell und dem Chronisten Samuel Pepys folgen, die beide in Huntingdon zur Schule gegangen waren. Selbst als ich hörte, daß mein Gymnasium ursprünglich ein Benediktiner-Kloster war, das Wilhelm der Eroberer um 1087 gegründet hatte, machten die altehrwürdigen Flure mit ihrer langen Geschichte keinerlei Eindruck auf mich.

Irgend etwas ging in meinem Kopf vor, aber ich hatte keine Ahnung, was. In der Schule fand ich keine Antworten oder Denkanstöße. Sachen wie Latein waren nicht gerade das Spannendste. Ich hielt den Unterricht für eine lächerliche Angelegenheit, die mir das Leben eher schwerer als leichter machen würde. Meine Meinung über die Schule ließ sich in einem Wort zusammenfassen: Langeweile.

Ganz in unserer Nähe wohnten die O'Reillies, eine original irische Familie. John, einer ihrer Söhne, folgte dem Beispiel seines älteren Bruders, der als Hooligan verschrieen war. John gab als Skinhead einen ziemlich guten Ladendieb ab, immer bereit zu einer Prügelei, die er liebend gern anzettelte. Ich hatte wahnsinnige Angst vor ihm, und dennoch übte sein gewalttätiger Charakter eine tiefe Faszination auf mich aus.

Aus einem unerfindlichen Grund mochte mich John auch. Die Ursache konnte ich nie feststellen. Ich war doch das völlige Gegenteil von ihm, obwohl es gut möglich gewesen wäre, daß unsere beiden Mütter jeden Freitag abend zusammen zum Bingo-Spielen gegangen wären. Auch wenn ich ihn fürchtete und nicht wußte, wie ich mich ihm gegenüber verhalten sollte, machte es mich stolz, jemand älteres zu kennen, der mit seinem Leben umzugehen wußte – wenn auch in einer etwas seltsamen Weise. Ein Leben am Rande der Legalität schien mir immer noch besser als eine langweilige Existenz in einem Reihenhaus in der Coronation Avenue.

John ging mit seinen 17 Jahren jeden Freitagabend in „The Lord Protector", einen nach Oliver

Cromwell benannten Pub. Hier war freitags immer Disco, das einzig überhaupt Interessante in unserer Stadt. Ich dagegen hatte ein ernstes Problem: Mein Kindergesicht garantierte dafür, daß ich nie in die Disco reingelassen wurde. „Zu jung", knurrten die Rausschmeißer jedesmal, wenn ich versuchte, in diese Welt der Flashlights und der lauten Musik zu gelangen. „Hau ab, Kleiner, bevor wir deine Windeln wechseln müssen!"

Das wurde erst anders, als ich mich mit John O'Reilly herumzutreiben begann. Er blickte die Rausschmeißer finster an und murmelte mit drohendem Unterton: „Der da gehört zu mir. Laßt ihn rein."

Mit dieser Entwicklung bekam mein Leben in mehr als einer Beziehung einen neuen Sinn. John und seine Freunde nahmen regelmäßig Drogen, die in Huntingdon leicht zu bekommen waren. O'Reilly drängte mich nie zum Mitmachen, aber ich wurde neugierig durch die Art, in der sie ihn anzuturnen schienen.

An einem Freitag, als die Decke im Takt von „Baby Love" der Supremes vibrierte, schrie ich in Johns Ohr: „Wie is' es, wenn man das Zeug nimmt?"

Das riesig breite Grinsen, das auf seinem grobschlächtigen irischen Gesicht erschien, zeigte, daß es großartig war.

„Warum probierst du es nicht selbst, Barry? Du wirst dich bombig fühlen", nuschelte er und zog eine Tüte Erdnüsse hervor. Als ich ihn verdutzt ansah, zischte er: „Die Pillen sind dazwischen versteckt. Ich kann sie überall nehmen, ohne daß jemand was mitkriegt."

Ich hatte bisher niemals etwas wirklich Verbotenes getan. Aber jetzt beschloß ich, es einmal mit Speed zu versuchen.

Ich griff in die Tüte, nahm eine Handvoll Erdnüsse und einige Pillen und spülte sie mit einem Schluck Cola runter. Der Geschmack erinnerte an Aspirin-Tabletten. Am liebsten hätte ich alles gleich wieder ausgespuckt, aber da ich nicht als Schwächling erscheinen wollte, bezwang ich mich. Das Kribbeln in meinem Magen vergaß ich sofort, als der Stoff mein Gehirn erreichte. Ein seltsames Gefühl durchzog meinen Körper, als würde jemand überall Nadelstiche ansetzen. Mein Herz schlug unglaublich schnell, und ich fühlte mich regelrecht aufgeputscht. Hemmungslos begann ich mit jedem zu reden, dabei war ich normalerweise eher schüchtern. Meine Gefühle hielt ich sonst streng verborgen, aber Speed befreite und brachte sie an die Oberfläche.

Im „Lord Protector" wurde ich frei – so dachte ich jedenfalls. Die laute Soul-Musik, die aus den Lautsprechern dröhnte und hämmerte, wurde der Hintergrund für meine wöchentlichen Ausflüge in das Land der chemischen Phantasie.

In den frühen Morgenstunden wankte ich nach Hause – meine Eltern schliefen längst –, und kostete den Rest der Nacht die von der Droge hervorgerufenen Phantasien aus. Die Wirkung der Pillen ließ langsam nach, während ich stundenlang vollkommen unbeweglich auf meinem Bett saß und seltsame Gedanken durch mein Gehirn rasten.

Am Morgen danach fühlte ich mich wirklich schlecht. Ich war müde, deprimiert, und mein Mund fühlte sich an, als hätte jemand ein Auto drin eingeparkt. Aber schließlich war das ein Preis, den ich für ein paar Stunden völlige Freiheit zu zahlen bereit war.

John und seine Freunde machten mich noch mit vielen anderen Drogen bekannt – und ich genoß das sehr. Nach ein paar Jahren begann mein Körper unter den Folgen zu leiden, aber wenn man jung ist, fühlt man sich unsterblich.

„Mir kann nichts passieren", machte ich mir vor. „Ich hab' alles im Griff."

Dennoch wurde ich von Fragen gequält, die mich schier verrückt machten. Immer wieder versuchte ich, mein Leben zu analysieren und Gründe für das menschliche Dasein im allgemeinen und für meine Existenz im besonderen zu finden. Obwohl ich nie irgendwelche kosmische Offenbarungen durch die Drogen hatte, waren die Pillen sehr viel aufregender und erfüllender als Stunde um Stunde Mathematik, Physik und Biologie in der Schule. Nicht nötig zu sagen, daß meine Freitagabend-Trips schließlich zur Gewohnheit wurden.

Ich trug Zeitungen aus, um von den verschiedenen Dealern in der Stadt mehr „Stoff" kaufen zu können. Doch es gelang mir, meinen Drogenkonsum geheimzuhalten, sogar meine Schulfreunde hatten keine Ahnung, was mit mir vorging. Auch wenn ich von den Drogen gefangen war, konnte ich nicht aktiv für sie werben. Etwas in mir spürte, daß ich letztendlich einen falschen Weg eingeschlagen hatte.

Im Gymnasium wurde man auf eine Akademiker-Laufbahn an der Uni vorbereitet. Aber für mich war Schule reine Zeitverschwendung. Ich zog mich immer mehr in meine Drogenwelt zurück und boykottierte alles, was mit Bildung zu tun hatte.

Der LSD-Guru Dr. Timothy Leary hat einmal gesagt: „Turn dich an, sei gut drauf, heb' ab." Das war alles, was mich interessierte.

Mein einziges Ziel war es, aus der Stadt zu verschwinden. Ich wollte sogar aus England fort, um „das Leben" zu entdecken. Damals faszinierten mich nur vier Dinge: Musik, Drogen, Sprachen und Geographie. Besonders interessierte mich, wie Leute woanders lebten, und deshalb wollte ich weg, um die Welt zu sehen.

Mit 17 stand ich fast täglich unter Drogen – ebenso mein Freund Kevin, mit dem zusammen ich Zeitungen austrug. Kevin war ein gutmütiger, aber auch leichtsinniger Kerl. Obwohl er nicht zur Clique von John O'Reilly gehörte, konnte man ihn gut und gern als Hooligan bezeichnen.

Regelmäßig klapperten wir alle Discos in der Umgebung ab, tanzten die Nächte durch und nahmen Drogen. Wie lächerlich und manchmal fast wahnsinnig wir uns dabei verhielten, merkten wir nicht.

An einem Donnerstag quälte ich mich frühmorgens völlig übernächtigt aus dem Bett. Ich mußte die Zeitungen austragen. Noch recht verschlafen schlich ich in den Zeitungsladen, um die Exemplare für meine Runde abzuholen. Nur mit Mühe schaffte ich die Tour einigermaßen in der Zeit und radelte zurück zum Laden, um die Botentasche wieder abzugeben.

Als ich reinkam, bemerkte Scotty, der Inhaber, ganz beiläufig: „Hast du das mit Kevin schon gehört?"

Fragend schüttelte ich den Kopf.

„Er wurde letzte Nacht bei einem Autounfall getötet", sagte Scotty. „Der Kerl, mit dem er unterwegs war, war betrunken und wickelte das Auto um einen Laternenpfahl. Kevin war sofort tot."

Scotty schien von dem Schrecken, den er mir eingejagt hatte, vollkommen unbeeindruckt zu sein. Aber die Nachricht war wie eine Bombe, die in meinem Herzen explodierte. Ich war völlig unfähig zu einer Reaktion. Kevin tot! Nein, er konnte nicht tot sein. Ich hatte ihn doch gestern noch gesehen, und wir hatten unser gemeinsames Wochenende geplant. Er war einfach zu jung zum Sterben.

Ein quälendes Gefühl von Verlassenheit verwirrte mich. Hier war etwas, das ich nicht verstehen und das mir niemand erklären konnte.

Danach stand endgültig für mich fest, daß ich hier raus wollte. Vorläufig erhöhte ich erstmal meinen Drogenkonsum und zog mich in mich selbst zurück.

Die Abschlußprüfung in ein paar Monaten interessierte mich nicht. Ich ließ den Schulalltag einfach über mich ergehen. Aber dann beschloß ich doch, die Schule zu schmeißen, anstatt die letzten Tage abzusitzen. So war es doch kein Leben! Warum nicht einfach einen Job suchen, der mir genug Geld bringt, England für immer zu verlassen!

Der Draht zu meinen Eltern war zu diesem Zeitpunkt längst abgerissen. Als ich ihnen mitteilte, daß ich die Schule verlassen hatte, starrten sie mich erstaunt an und sagten gar nichts. Sie hatten inzwischen gemerkt, daß sie nicht zu mir durchdrangen und jede Diskussion nutzlos wäre. Meine Mutter versuchte noch, mich zu verstehen, aber die Kommunikation mit meinem Vater war praktisch zum Stillstand gekommen.

Ein paar Monate Arbeit in einer Druckerei brachte genug Geld, um aufs Festland zu gehen. Mark, ein anderer Freund, hatte von einer Arbeitsmöglichkeit im holländischen Delft gehört und schloß sich mir an.

In Delft bekamen wir beide einen Job in einer Fabrik: Obst packen. Aber Mark fühlte sich absolut unglücklich. Schon nach ein paar Wochen kehrte er nach Hause zurück. Ich blieb noch neun Monate in Delft und lebte wie ein Einsiedler. Ich wohnte zur Untermiete bei einer holländischen Familie und verbrachte meine Zeit größtenteils allein.

Weil ich kein Holländisch sprach, blieb ich in meinem Zimmer hocken und las Bücher von Hermann Hesse und Thomas Mann. Ich versuchte dahinterzukommen, was ein 18jähriger auf diesem Planeten mit seinem Leben machen sollte. Ich las allerdings nie die Worte von John Bunyan: „Der Weg ist der Weg, und es gibt ein Ziel."

Bunyans „Weg" fand ich also nicht in Holland. Die Menschen dort schienen jedoch die gleichen Probleme zu haben wie die Leute in England. Ich entdeckte einzig und allein, daß ein Ortswechsel nicht das Innere eines Menschen ändert. Ist das Innere schlecht, so ist es schlecht, egal, wo sich mein Körper befindet.

Mit dieser Erfahrung kehrte ich nach Huntingdon zurück – genauso hilflos wie vorher. War ich vielleicht einfach verrückt und versuchte zu angestrengt, das Leben zu verstehen? Die Frage nagte an mir wie ein beständiger Kopfschmerz. Vielleicht sollte ich die Suche nach dem Sinn des Lebens aufgeben und mich auf das „Wesentliche" konzentrieren: Spaß haben, so wenig wie möglich arbeiten und soviel Drogen einschmeißen, wie ich nur irgend konnte.

Tumult in Schottland

Hysterische Schreie begrüßten Ian und mich, als wir in einem geliehenen Lkw vor dem Apollo Theatre in Glasgow vorfuhren. Als ich durch die Windschutzscheibe spähte und Tausende von Mädchen sah, die von Kopf bis Fuß in Schottentracht gekleidet waren, drehte ich mich zu Ian um, der auch aus Huntingdon stammte: „Das ist der absolute Wahnsinn!“

Die schluchzenden Teenies, ausgerüstet mit Plakaten wie „Ian, Eric, Les, Derek und Woody – wir lieben Euch!“, wogten vorwärts und klemmten den Lkw ein. Die Bay City Rollers seien im Lkw versteckt, ging das Gerücht, aber alles, was der Wagen enthielt, war die Musikanlage der schottischen Teeny-Bop-Gruppe.

Ich starrte noch immer auf dieses Schauspiel, als Ian den Lkw langsam durch die hysterische Menge bewegte. Die Polizei versuchte vergeblich, einen Weg freizumachen, damit wir zum Bühneneingang des Theaters kommen konnten. Die Fans wollten einfach nicht glauben, daß die Band nicht im Wagen sei.

Schließlich erreichten wir unseren Parkplatz, und als wir aus der Fahrerkabine kletterten, drückten sich die Girls an uns vorbei und schrien: „Wo sind sie? Wir lieben sie!“

Diese sonderbare Szene trug sich sechs Wochen nach meiner Rückkehr aus dem Land der Tulpen und der Holzschuhe zu. Im „Lord Protector" hatte ich an einem Freitagabend Pete und Derek, ein paar ältere Typen, kennengelernt. Obwohl sie im Pub bekannt schienen, wirkten die beiden anders als die übrigen Besucher. Sie kleideten sich wie Jackson Browne und die Eagles und trugen amerikanische Satin-Baseball-Jackets, was ein gewaltiger Kontrast zu der üblichen Skinhead-Uniform war, die aus schillernden, lächerlich gekürzten zweifarbigen Hosen mit extra-dünnen Hosenträgern und aus Hemden mit Button-down-Oxford-Kragen und aus den klassischen luftgepolsterten Doc Martin-Springerstiefeln bestand – der üblichen Kleidung der Leute im „Lord Protector".

Derek war Gitarrist, und Pete arbeitete mit ihm zusammen. Sie schienen ein bißchen mehr Lebenserfahrung zu haben als meine übrigen Kumpel.

Allmählich wurden wir Freunde. Ich denke, daß sie sich zuerst ein wenig um mich kümmerten, denn ich flippte völlig aus, wenn ich auf den Trip gegangen war. Die Drogen lösten meine Zunge ganz schön, und ich nervte dann alle anderen. Die beiden entdeckten bald, daß ich kein einziges Wort von mir gab, wenn ich nicht unter Drogen stand, aber das schien ihnen nichts auszumachen. Als ich Pete das erste Mal besuchte, saß ich zwei Stunden lang wie ein Zombie auf einem Sofa und sagte kein Wort.

Derek, Pete und ihr Hund Angus, der fast menschliche Züge zu haben schien und beinahe alle Drogen und scharfen Getränke probierte, die sie ihm gaben, hatten ein Haus ganz in meiner Nähe gemietet, und ich verbrachte den Großteil meiner Freizeit dort. Schließlich zog ich ohne große Formalitäten bei ihnen ein.

Sie waren prima Kerle und hatten ein paar wirklich interessante Freunde. Dereks Bruder Ian zum Beispiel arbeitete als Road-Manager für den Keyboard-„Caped-Crusader" Rick Wakeman, und er platzte oft aus London mit einigen von Wakemans Musikern oder auch mit anderen Szenemitgliedern herein. Petes und Dereks Haus wurde der Geheimtip für Wochenendpartys.

Derek schaffte es weltmeisterlich, aus fast jeder Umgebung ein Quasi-Aufnahmestudio zu bauen. Hatte er erst mal einen guten Raum gefunden (für gewöhnlich das Wohnzimmer), stopfte er diesen Raum für Stunden mit Verstärkern, Gitarren und Drums voll. Nach ein paar Bier betätigte Pete sich dann als Rocksänger.

Wir hatten nächtelang unseren Spaß in dem kleinen Reihenhaus, während die Nachbarn an Schlaflosigkeit litten. Regelmäßig klopften sie gegen die Wand und schrien: „Leiser! Ruhe!" was wir jedoch völlig ignorierten – vor allem, wenn das Klopfen zum Takt der Musik paßte.

Alle diese Typen strotzten vor Energie und waren so lebensfroh, daß ich mich nach und nach wieder innerlich öffnete. Nach meiner relativen Isolation in Holland ging ich nun in Gesellschaft ein bißchen mehr aus mir heraus.

Seit meiner Rückkehr aus Holland hatte ich nicht mehr gearbeitet, und ich wußte nicht, wie es weitergehen sollte. Da machte Pete einen interessanten Vorschlag.

„Barry, Ian hat gerade angerufen", überfiel er mich, als ich nach einem Besuch bei meinen Eltern zur Tür hereinkam. „Er ist für sechs Wochen auf Tournee mit einer Gruppe, die ‚The Bay City Rollers' heißt. Er braucht einen, der beim Auf- und Abbau der Anlage hilft. Hast du Lust, das zu machen? Es gibt ordentlich Knete dafür. Ich kann nicht, weil ich einen anderen Job habe. Warum versuchst du es nicht mal?"

Wir diskutierten kurz über die musikalischen Fähigkeiten der Rollers, die zu der Zeit beileibe nicht meine Lieblingsband waren, auch wenn sie irgendwer als die „neuen Beatles" handelte. Dennoch meinten wir, das in sechs Wochen zu verdienende Geld würde die damit verbundene Musikfolter bei weitem übersteigen. Zu ihrem Namen kamen die Rollers übrigens, als ihr Manager Tom Paton willkürlich eine Stecknadel in eine Karte der USA steckte und Bay City in Michigan traf: Die Geburtsstunde der Bay City Rollers.

Das erste Konzert sollte in Glasgow sein. Ich

hatte nicht die leiseste Ahnung, was ich tun sollte, folgte einfach Ians Beispiel, holte Teile der Anlage aus dem Lkw, trug sie auf die Bühne und stellte sie an die befohlenen Stellen. Eine nicht gerade anspruchsvolle Arbeit für gutes Geld.

Die meisten der anderen Roadies waren ziemlich abgebrühte Schotten, die schon seit Jahren im Musikgeschäft tätig waren und alles mögliche gesehen und erlebt hatten. Aber mich faszinierte das ganze Geschehen noch sehr.

Der Aufbau im Apollo Theatre war der totale Irrsinn. Die Mädchen draußen schrien den ganzen Tag und hämmerten gegen die Tür der Halle. Für uns war es unmöglich, den Saal zu verlassen.

Kurz vor Konzertbeginn wurden die Rollers trickreich hereingeschmuggelt. Dann war Show-Time à la Bay City Rollers. Als die Band auf die Bühne kam – gekleidet in ihre Schottentracht, mit knielangen Hosen als Krönung –, brach die Hölle los.

Der Lärm war ohrenbetäubend. Noch nie hatte ich so viele kreischende Girls an einem Ort gesehen. Die Rollers riefen eine Raserei hervor, die an die „Beatle-Manie" der frühen Sechziger erinnerte.

Wir alle fragten uns, warum wir uns überhaupt mit dem Aufbau der Anlage abplagten. Denn normalerweise wurde die Band sofort von den Schreien der Kids übertönt, wenn sie mit ihrem

Auftritt begann. Fast ständig bestand die Gefahr, daß die Bühne von den Teenagern gestürmt wurde, um ein Erinnerungs-Stück ihres Lieblings-Rollers zu ergattern.

Alle in der Mannschaft, auch ich, waren jeden Abend damit beschäftigt, ohnmächtige Girls aus dem Orchestergraben zu ziehen und diejenigen wegzuschleifen, die erfolgreich bis zum geheiligten Boden der Bühne vorgedrungen waren. Es war eine ungewöhnliche Art, seinen Lebensunterhalt zu verdienen, und sicherlich aufregender, als in Holland Obst zu verpacken.

Mitten während der Tournee mußte einer der Tontechniker wegen einer persönlichen Angelegenheit kündigen. Wir hatten keine Zeit, einen anderen Mixer zu engagieren. So gab er mir eine kurze Instruktion, wie das Mischpult zu bedienen sei.

„Bleib einfach beim Wesentlichen, Barry, und du wirst es schon hinkriegen“, baute er mich auf.

Schnell entdeckte ich eine natürliche Begabung für meinen neuen Job. Bald brauchte ich nicht mehr jeden Abend den Lkw zu entladen und mich in handgreifliche Auseinandersetzungen mit den Teenagern einzulassen. Nun mixte ich auf der Bühne den Ton für die Band.

Nach der Tournee bot mir die verantwortliche Konzertagentur einen festen Job an. Hocherfreut akzeptierte ich. Nun konnte ich einfach und angenehm meinen Lebensunterhalt verdienen.

Zumindest zeitweise vergaß ich meinen ganzen Frust. Ich reiste mit verschiedenen Bands und Sängern, wie z. B. Marvin Gaye, Daryl Hall und John Oates, Gladys Knight und den Pips, durch ganz Europa. Ich war sogar bei Gary Glitters „First Farewell Tour“ dabei, die genauso ohrenbetäubend wie die Tournee der Bay City Rollers ablief, da die weiblichen Fans ähnlich fanatisch reagierten.

Wir waren im Batley Variety Club in Yorkshire, mitten in einer besonders zermürbenden Night Club-Tour mit den Stylistics, einer Soul-Band aus Amerika, als Ian einen Anruf von einem Freund bekam. Gesucht wurde eine feste Road-Crew für „eine Band aus Australien“.

Genauso wie das gebotene Geld zog das Tournee-Ziel: Amerika, das Land der „Rockford Files“ und von Elvis. Bei dem Gedanken an drei weitere Wochen in britischen Nachtclubs, die nach abgestandenem Bier, verdorbenem Essen und kaltem Rauch stanken, gab es keinen Zweifel: Ian und ich beschlossen, gemeinsam mitzumachen.

Meine neue Gruppe hieß AC/DC und war 1973 in Sydney gegründet worden. Ich hatte eigentlich nie von ihnen gehört, aber der Typ, der uns wegen des Jobs anrief, sagte, sie wären Spitze. Natürlich waren wir noch nie mit einer großen Band unterwegs gewesen, und uns interessierte ohnehin mehr das Geld und der damit verbundene Lebensstil als die Musik.

An der Fähre in Dover trafen wir die Band zum ersten Mal. Die Gruppe kam gerade aus Australien und wollte sich für eine Europa-Tournee als Vorgruppe der britischen Heavy Metal-Band „Black Sabbath“ und deren Sänger Ozzy Osbourne einschiffen. AC/DC bestand damals aus dem Leadsänger Bon Scott, den Brüdern Angus und Malcolm Young an der Gitarre, dem Drummer Phil Rudd und Mark Evans am Baß. Nach all den aalglatten, glänzend gekleideten Soul-Gruppen und Teeny-Bopper-Bands und manchmal auch amerikanischen Country- und Western-Sängern sahen diese Burschen fast menschlich aus. Keiner von ihnen machte was daher, und ihre Kleidung bestand aus Jeans und T-Shirt. Sie waren freundlich und schienen nicht von jenen Rock 'n' Roll-Starallüren geplagt zu sein, denen wir so oft bei anderen begegneten. Wir kamen sofort gut miteinander aus.

Ich hatte noch immer nichts von ihrer Musik gehört – auch bei dem ersten Konzert habe ich sie nicht wirklich gehört. An jenem Abend in Paris sahen Ian und ich ihre Anlage zum ersten Mal und stöhnten auf. Man mußte sie zumindest „übel zugerichtet“ nennen. Eine ganze Reihe von Lautsprechern mußten in einer höchst speziellen Weise angeschlossen werden. Und da AC/DC die Vorgruppe waren, blieb nicht viel Zeit zum Sound-Check.

Ian und ich bauten also den Schrott auf und warteten gespannt auf den Bühnen-Auftritt. Die Jungs blieben nicht lange oben. Ihre Anlage funktionierte noch schlechter, als sie aussah. Die meisten Kabel waren fehlerhaft, die Verstärker hatten die falschen Sicherungen und brannten durch, das Schlagzeug klang, als würde es in den Pariser Katakomben gespielt.

Die Jungs hielten ein paar Songs durch, aber dann hatten sie die Nase voll und überließen die Bühne Ozzy und seinen Wilden.

Ian und ich sahen uns schon wieder in England. Wir gingen in die AC/DC-Garderobe in der Erwartung, die Leviten gelesen zu bekommen, aber erstaunlicherweise entschuldigte sich die Band bei uns für den entsetzlichen Zustand ihrer Anlage.

Am nächsten Tag schafften wir es, das meiste zu reparieren und funktionstüchtig zu machen. Als wir sie nun hören konnten, stellten wir fest, daß wir bei einer tollen Band gelandet waren, die eine mitreißende Rock-Musik machte. Oft sind sie als eine teuflische Band, eine „Satansband", klassifiziert worden, und ich habe alle möglichen Geschichten über die Bedeutung ihres Namens gehört und darüber, was sie angeblich alles anstellen. Doch in der ganzen Zeit, in der ich bei ihnen war, kam die Begeisterung für die Fernsehserie „The Addams Family" einem Satanskult noch am nächsten ... Soviel ich sagen kann, bezog sich ihr Name mehr auf einen Begriff aus der Elektrotechnik als auf irgend etwas sonst.

Die Europa-Tournee lief gut, und Amerika

lockte. Den von mir gewählten Weg bereute ich sicherlich nicht, hatte aber natürlich keine Ahnung, wohin er führen und wie sich mein Leben ändern würde.

40 000 Meilen durch die USA

Ungläubig starrte ich auf meinen gefüllten Teller. Ich hatte ein stinknormales Sandwich bestellt. „Aber das ist ja ein Sonntagsmenü zwischen zwei Brotscheiben!" rief ich Ian zu, als wir im New Yorker Carnegie Deli am Broadway saßen. „Das ist doch Wahnsinn. Ich brauche einen dehnbaren Kiefer wie eine Schlange, um das hier zu essen."

Es war meine einführende Begegnung mit Amerika. Meine erste Lektion im „Land der unbegrenzten Möglichkeiten" lautete, daß selbst eine Sandwich-Bestellung eine komplizierte Sache sein kann. Anders als beim klassischen englischen „Käse- und Tomaten-Spezial-Sandwich" ist in Amerika die Auswahl unendlich.

„Welches Brot möchten Sie? Wir haben Weizen- und Roggenbrot, Pumpernickel und Fladenbrot", fragte die Kellnerin. „Möchten Sie Salat, Tomate, Senf, Mayonnaise, Gurken?"

Mein Kopf drehte sich bei der ganzen Auswahl, die sie mir anbot. Ich entschied mich für ein Roastbeef-Sandwich mit Weißbrot, „so einfach wie möglich".

Ian hatte mich am John-F.-Kennedy-Flughafen abgeholt und direkt zu dem Restaurant in New Yorks Theater-Meile gebracht. Ian liebte amerikanisches Essen, d.h. eigentlich liebte er Amerika.

Hinter diesem New Yorker Fenster raste die verrückteste Mischung von Menschen vorbei, die ich je an einem Ort gesehen hatte. Alle schienen es unglaublich eilig zu haben – Geschäftsleute oder wilde Außerirdische von anderen Planeten mit Frisuren, die anscheinend mit Starkstrom gestylt worden waren. Sie alle schienen vom Broadway angezogen worden zu sein wie Maden von einem faulen Apfel. In diesem brodelnden Kessel gab es sogar einen alten Stadtstreicher, der die Straße hinunterging und mit einem Paar Drumsticks auf dem Pflaster spielte.

Ian gab mir vierundzwanzig Stunden, um mich von der Zeitverschiebung zu erholen. Dann würden wir eine kleine „Spritztour" nach Texas machen.

Wir mieteten einen Lkw, fuhren zur Frachthalle des Flughafens und luden die Ausrüstung der Band auf. Wir hatten drei Tage Zeit, um zu unserem Treffpunkt in Austin, Texas, zu kommen.

Mittlerweile kannte ich wildgewordene Menschenmassen zur Genüge, aber das war alles nichts gegen das Publikum in Texas. Die erste Show fand in den „Armadillo World Headquarters" statt, deren Name anscheinend auf versteinerte Gürteltiere anspielte. Es war ein riesiges, scheunenartiges Gebäude, das mehr als 5 000 sehr lärmenden Texanern Platz bot, die sich in unterschiedlichen Stadien des Drogen- und Alkoholkonsums befanden.

Unsere Texaner mochten AC/DC wirklich. Das

erste Konzert war ein rauschender Erfolg. Wir traten den Rest unserer Tournee in der beflügelnden Hoffnung an, daß die Band in den USA wirklich groß herauskommen würde. Auf dieser ersten Tour war AC/DC meist Vorgruppe von etablierten amerikanischen Rock-Bands und Künstlern wie Aerosmith, Ted Nugent, Foreigner und Kiss. Die Band sowie Ian und ich bekamen eine Kostprobe jener Riesenstadion-Konzerte, für die Amerika berühmt ist.

Eine Aussie-Band und ein paar Briten, das war eine Neuheit für Amerika. Unser fremder Akzent war einfach die Zugnummer. Ein „Hello, luv" öffnete einem fast alle Türen. Wir entdeckten auch, daß in den USA der Rock 'n' Roll-Lebensstil mit Mädchen, Saufgelagen, Drogen und wilden Partys den in Europa weit übertraf – und natürlich stiegen wir voll ein.

Obwohl die Arbeit hart war – wir mußten normalerweise 300 oder 400 Meilen von einem Konzert zum nächsten fahren –, machte es uns sehr viel Spaß. Aber gegen Ende unserer ersten Tournee merkten wir, daß wir Drogen wie z.B. Speed mehr als Aufputschmittel nehmen mußten, um unsere Arbeit tun zu können, als aus Vergnügen.

Auf dieser ersten Tour legten wir ca. 40 000 Meilen zurück, kreuz und quer durchs Land. Mal waren wir in Chicago, ein paar Tage später in Miami. Es gab Zeiten, wo wir den Veranstalter hätten umbringen können, aber wir bekamen so einen Eindruck von der Vielfältigkeit des „American Way of Life“. Schließlich konnten wir jedem, den wir trafen, die besten Truck-Stops an jeder Schnellstraße im Land empfehlen, denn wir wurden bald Experten auf diesem Gebiet.

Die USA waren ein wichtiger Markt für die Band, und in den nächsten Jahren verbrachte AC/DC viel Zeit damit, dort Konzerte zu geben. Jedesmal, wenn sie zurückkehrten, wurden sie viel positiver empfangen, waren die Hallen größer – bis schließlich AC/DC die Hauptgruppe geworden war. Unsere Anlage und sonstige Ausrüstung wurde inzwischen von drei Sattelschleppern transportiert. Auf der Bühne hatten Ian und ich Verstärkung von ca. 25 anderen Jungs bekommen, mit denen wir in zwei feudalen Tour-Bussen fuhren. Wir wurden eine seltsame, aber vergnügte Familie von Ausländern, die überall, wohin sie kam, Chaos auslöste. Es war ein bunt zusammengewürfelter Haufen; die meisten kamen aus Birmingham und wurden durch ein paar Roadies aus East Anglia, wie Ian und mich, verstärkt – eine gute Mischung.

Einer meiner unbezahlten Jobs war es, Birminghamer Slang in verständliches Englisch zu übersetzen für die vielen frustrierten und verwirrten Kellnerinnen, Hotel-Empfangschefs und Veranstalter, auf die wir unterwegs trafen.

Unsere Busse wurden „Partyräume auf Rädern“. Hier floß viel Alkohol, der aus Garderoben geplündert war, wir konsumierten Drogen und wurden von einer ganzen Zahl Mädchen begleitet. Wir von der Road-Crew lebten in dieser Beziehung „besser“ als die Band, die nicht soviel herumkam, denn wir versuchten, die besten „Talente“ in unseren Bus zu schleusen.

Von Amerika aus reiste diese große Familie durch die Welt, und schon bald ging ein Land ins nächste über, ein Auftritt in den nächsten. Es war wirklich egal, wo wir waren; es galt nur, die Arbeit so schnell wie möglich zu tun, Drogen zu besorgen, Mädchen aufzureißen und ab und zu auch etwas zu schlafen.

Ich verbrachte immer weniger Zeit in Huntingdon und immer mehr Zeit unterwegs. Wenn AC/DC nicht auf Tournee war, machte ich andere kleine Touren; nur, um die Zeit totzuschlagen. Es war der Beginn der Punk-Bewegung, und so mischten wir „Langhaarigen“ den Sound für Gruppen wie „X-Ray Specs“ und „Souixie and the Banshees“, was schon ein Erlebnis für sich selbst war. Ich beobachtete fasziniert, wie die Punks Pogo tanzten, sich gegenseitig mit den Köpfen anstießen und in alle Richtungen spuckten. Im Vergleich dazu fand ich mich sehr seriös und AC/DC regelrecht zahm.

Immer, wenn ich nach Hause kam, war es wie Ferien. Derek hatte mittlerweile England verlassen und war mit einem Freund nach Los Angeles gegangen. Er hoffte auf einen Durchbruch in der dortigen Musikszene. Unsere Wege hatten sich in all der Zeit, in der ich in den USA war, nie gekreuzt, aber wir waren durch Briefe und Telefonate in Verbindung geblieben.

Ich war für rund zehn Monate unterwegs gewesen und kam gerade vor Weihnachten nach Hause. Als ich ankam, begrüßte mich Pete mit den Worten: „Wir haben einen komischen Brief von Derek bekommen."

Er gab ihn mir – es war schon eher ein Buch als ein Brief, Seite um Seite handgeschrieben. Derek redete davon, „wie er Christ geworden war", was weder Pete noch ich im Grunde richtig verstehen konnten. Wir waren schließlich Engländer und damit im großen und ganzen anständige Kerle. Außerdem hatten wir Religionsunterricht in der Schule gehabt.

Wir arbeiteten uns durch seinen Brief, aber die vielen Bibelzitate langweilten uns, und so schrieben wir das Ganze einfach der Tatsache zu, daß er in Los Angeles lebte – und das erklärte wirklich alles. Wir betrachteten seine Entwicklung skeptisch. Jeder wußte, daß L. A. das letzte Refugium der Narrheiten auf diesem Planeten war. Man sagt, daß sich alle Spinner und Verrückten dort hingezogen fühlen.

Trotzdem ließ mich irgend etwas nicht in Ruhe, denn ich kannte Derek schließlich. Wir hatten alle möglichen Drogen zusammen genommen, und er war einfach nicht der Typ, auszusteigen und sich in einen sonderbaren religiösen Kult verwickeln zu lassen. Obwohl die letzten drei oder vier Jahre aufregend gewesen waren und ich eine Menge erlebt hatte, quälten mich wieder einige alte Fragen, besonders die nach der Bedeutung meines Lebens hier auf dem Raumschiff Erde.

Ich dachte nach über das Leben, das ich führte. Rock 'n' Roll war schön und gut, und durch die Welt zu reisen war großartig, doch meine alten Fragen hatte mir niemand beantwortet. Es blieb dabei: Was soll ich eigentlich aus meinem Leben machen?

Terry, für die Lightshow verantwortlich, hatte einen Spitznamen für mich. Ab und zu nannte er mich liebevoll den „Totenkopf". Ich ließ halt meine blasse englische Haut selten ans Tageslicht und hatte eine Vorliebe für schwarze Kleidung entwickelt. Terry erinnerte ich wohl so gewandet und mit meinen langen Haaren ein bißchen an ein wandelndes Skelett.

Mein Spitzname störte mich nicht, bis ich eines Tages, nach einer besonders harten Nacht, ins Badezimmer des Hotels ging und mich im Spiegel betrachtete. Zum ersten Mal seit Jahren sah ich mir jenen Mann im Kristall genauer an, und ich war nicht sehr erfreut über das, was ich sah. Aus irgendeinem Grund kam mir sofort Terrys Spitzname in den Sinn ... Es war nicht nur das Aussehen eines Körpers, der zu viele Drogen genommen hatte. Ganz plötzlich wurde ich mit dem, was wirklich in meinem Herzen war, konfrontiert: Leere.

Weil ich auch danach noch immer keine Antworten gefunden hatte, lebte ich so weiter wie bisher, war aber erneut auf der Suche. Natürlich wußte ich, daß ich nicht für immer so weitermachen konnte, und hatte wieder das alte Gefühl: „Du bist einfach verrückt." Niemand sonst schien über irgend etwas beunruhigt zu sein. Auf jeden Fall redete keiner darüber.

Und noch etwas störte mich an Dereks Brief. Warum Christentum? Das war doch wohl die am wenigsten brauchbare Ideologie auf der ganzen Welt. Dereks Hinwendung zum Christentum schien mir allein schon deshalb seltsam, weil die einzige Person, die meines Wissens ihr Christentum besonders ernst nahm, meine Großmutter war. Und ich wußte nicht, was meine Großmutter und Derek gemeinsam haben sollten. Pete und ich spotteten ein bißchen darüber und waren uns einig, daß Derek übergeschnappt sei. Er war es nicht.

Schließlich hatte Derek mit seiner Musik Erfolg, aber es war christliche Musik. Mit einigen Freunden brachte er ein Album heraus mit Songs über seine Beziehung zu Gott. Er schickte es uns mit einer seiner „Episteln nach Derek", Anlaß für viele Diskussionen unter seinen Freunden in Huntingdon. Wir stellten einmütig richtig, daß wir eigentlich auch Christen waren, aber deshalb nicht zu predigen brauchten wie Derek. Wir waren es, und damit hatte es sich.

Wir brüteten noch länger über dem Problem, und schließlich stießen wir auf eine vortreffliche Lösung: Wir würden uns wie gute Christen verhalten und zur Christmette in der Kirche nahe dem Pub gehen. Nach Kneipenschluß im „Black Bull", einem unserer Treffpunkte, machte sich eine kleine Gruppe von uns auf den Weg zur Mitternachtsmette in der alten Kirche. Die Weihnachtslieder sangen wir kräftig mit, denn die Heilsarmee, die bei ihrem alljährlichen Besuch im Pub mit Inbrunst gesungen hatte, steckte uns mit ihrer Begeisterung regelrecht an.

Auf unsere sonstigen Weihnachtsfestivitäten wirkten die ständigen Unterhaltungen über diesen „christlichen Kram" wie ein Dämpfer, denn niemand von uns wußte, was er eigentlich davon halten sollte. Dennoch fühlten wir uns wie anständige Pfadfinder nach einer guten Tat.

Andere Freunde vertraten so unterschiedliche Meinungen wie: „Ich wußte schon immer, daß Derek nicht ganz sauber war" und: „Wenn er das mit seinem Leben machen will, dann meinetwegen. Aber mich soll er damit in Frieden lassen!"

Wieder gingen wir auf eine anstrengende Tournee rund um den Globus. In mancher Beziehung war ich froh, wieder unterwegs zu sein, aber irgendwie war der Zauber verflogen, zumindest für mich. Ich dachte wieder mal über mich selbst nach und mußte alles analysieren. Wie üblich wollte ich der Realität mit Drogen entfliehen, aber ich schaffte es nicht mit demselben Erfolg wie vorher. Nach und nach bemerkte ich, daß einige Leute, die ich früher auf den Reisen getroffen hatte, nicht mehr da waren. Einige waren gestorben, andere waren völlig kaputt. Mir war klar, daß ihr Tod etwas mit unserem Drogenkonsum zu tun hatte, und ich begann mich zu fragen, ob nicht vielleicht der alte Spruch „Das kann mir nie passieren!" immer unglaubwürdiger wurde.

Ich hatte keine Ahnung, wie ich diesen Zustand ändern sollte. Ein- oder zweimal, als ich von der harten Arbeit und den langen Nächten besonders erschöpft und überbeansprucht war, erwog ich einen frühzeitigen Rückzug aus dem Musikgeschäft, aber dann stellte ich mir die Frage: „Und was mache ich danach? Gehe ich nach Huntingdon zurück? Und dann?"

Gab es etwas Besseres als das Leben, das ich führte? Und wenn ja: Was? Ich verdiente viel Geld, war immer auf Reisen, aß in teuren Restaurants, traf Rock 'n' Roll-Stars und ging fast jeden Abend zu einem Konzert. Ganz bestimmt kein schlechtes Leben. Oder?

Der Mann in Schwarz

Schwarze Motorrad-Jacke, schwarzes T-Shirt und Jeans, drei baumelnde Ohrringe, nicht schwarz, sondern silbern, die an zwei ziemlich rosafarbenen Ohren hingen – ich war wie üblich gekleidet.

Während die Ausrüstung von der Crew ausgeladen wurde, nutzte ich die freie Zeit, um etwas zu erledigen: Ich suchte eine Buchhandlung, um eine Bibel zu kaufen. Das war auch in Phoenix/Arizona keine alltägliche Angelegenheit für mich, aber irgend etwas mußte ich doch für Derek, meinen armen, irregeleiteten Freund, tun.

Eine christliche Buchhandlung war schnell gefunden. Zu meiner Überraschung fühlte ich mich regelrecht verunsichert, als ich durch die Tür marschierte. Doch sicher hatte ich weniger Angst als die Frau hinter dem Ladentisch, die bestimmt noch nicht viele Typen wie mich in ihren Laden hatte kommen sehen.

„He, Schatz, ich hätte gern 'ne Bibel!“ posaunte ich, während sie sich hinter dem Ladentisch verschanzte.

Es entstand eine lange Pause, in der sie mich mit offenem Mund anstarrte. Vielleicht befürchtete sie, daß ich den Laden ausbaldowern wollte für meinen nächsten Raubüberfall. Wie sollte sie auch ahnen, daß sich hinter meinem düsteren Äußeren ein smarter Engländer versteckte.

Als sie ihre Angst bezwungen hatte, legte sie mir eine Auswahl von Bibeln vor. Ich verließ den Laden mit einer großen Studienbibel unter dem Arm. Dann kaufte ich in einem Spirituosengeschäft in der Nähe ein Exemplar des „Rolling Stone"-Magazins. Der lange Bursche hinter dem Ladentisch guckte mich seltsam an, als er meine schwarze Bibel sah.

„Sorry, aber wie wäre es mit einer großen Tüte für diese Sachen?" fragte ich verunsichert.

Er sah mich an, als ob ich besser eingesperrt werden sollte, rückte dann aber eine große braune Tüte heraus, in die ich Bibel und Zeitschrift versenkte.

Als ich wieder im Tour-Bus war, verstaute ich die Bibel an einem sicheren Ort neben meiner Schlafkoje. Ich versicherte mir immer wieder, daß ich die Bibel nicht für mich gekauft hatte, sondern um meinem Freund Derek zu helfen. Er war eindeutig in ernsten Schwierigkeiten, denn er war nun das geworden, was man gemeinhin als „religiöser Spinner" bezeichnet.

Wir waren über Los Angeles nach Arizona gekommen, und in L. A. hatte ich zum ersten Mal in all den Jahren die Gelegenheit gehabt – oder sollte ich besser das „Pech" sagen? –, mich mit Derek treffen zu können. Ich hatte gewußt, daß ich in L. A. ein paar Tage frei haben würde und deshalb von Chicago aus angerufen und ihn von meiner bevorstehenden Ankunft in der „Stadt der Engel" informiert. Natürlich hatte ich noch nicht vergessen, daß er sich neuerdings als Christ sah, aber ich dachte: Er ist immer noch Derek und kennt sich sicherlich in L.A. sehr gut aus und weiß, wo man hier Spaß haben kann.

Ich beschloß, bei ihm zu wohnen und die Band alleine im Hotel zu lassen. – Das war ein großer Fehler. Sofort als er mich abholte, hatte ich bemerkt, daß etwas nicht stimmte. Während wir darauf warteten, daß sein Auto aus der Tiefgarage gebracht wurde, sagte er nach der Begrüßung: „Barry, ich muß dir was sagen."

Ich ging innerlich in Abwehrstellung, denn nach solch einem Auftakt kommt immer etwas Unangenehmes.

„Mir ist nicht klar, ob du es weißt, aber die Welt, in der wir leben, ist in einem großen Durcheinander, und sie wird nicht ewig bestehen." Sein sonst immer gutgelauntes Gesicht war ruhig, ernst und gesammelt.

Verdutzt schwieg ich und dachte nur: „Na und? Solange ich auf ihr 'rumlaufe, wird sie schon noch bestehen."

Unbeeindruckt von meinem Schweigen fuhr Derek mit seiner Predigt fort: „Und ob du es glaubst oder nicht, Barry: Eines Tages kommt Jesus Christus für seine Gemeinde wieder."

Nun hatte er wirklich abgehoben!

„Und wenn du nicht zu ihm gehörst, wirst du in große Schwierigkeiten geraten."

Ich stellte fest, daß ich schon in „großen Schwierigkeiten" war. Ich hatte vereinbart, einige Tage mit einem Mann zu verbringen, der offensichtlich dringend psychiatrische Hilfe brauchte. Wenn ich mehr Rückgrat gehabt hätte, wäre ich auf der Stelle verschwunden und hätte mich niemals mehr mit meinem alten Freund unterhalten müssen. Aber ich hatte eine schwache Stelle in meinem Charakter: Ich konnte niemandem wehtun. Also redete ich mir ein, ich müsse die Angelegenheit jetzt erst einmal durchstehen.

Barneys „Bohnenlädchen" in Hollywood war zu der Zeit absolut in bei allen Rockmusikern und solchen, die es werden wollten, und dahin brachte mich Derek. Während ich einen ihrer berühmten Bohnen-Burger aß, versuchte ich, eine unverfängliche Unterhaltung zu führen, und überhäufte Derek mit Fragen über das Leben in L.A. Er ging gern darauf ein, aber drehte furchtbarerweise jede Antwort so, daß sie eine Beziehung zur Bibel bekam.

Die Fahrt zu Dereks Haus in den Hollywood Hills war schrecklich. Er lebte mit einigen anderen Leuten zusammen. Sie waren doch hoffentlich nicht auch religiöse Spinner?!

Nach ein paar Augenblicken der Begrüßung mit „Halleluja!" und „Lob Gott, Bruder, wir sind froh, daß du hier bist", war mir klar, daß Derek nicht als einziger Hilfe brauchte. Plötzlich fühlte ich mich müde und gereizt. Sie waren trotz ihres Spleens alle so glücklich, und ihre Freude machte mir ärgerlicherweise bewußt, daß wirkliche Freude in meinem Leben eindeutig fehlte.

Diese paar Tage waren schlimmer als jede Chemiestunde, die ich zu Hause in der Schule hatte über mich ergehen lassen müssen. Sie waren sogar schlimmer als alles bisher Erlebte. Die Leute waren nicht so aufdringlich, mir ihren Glauben aufzuzwingen; es war nur so, daß sie tatsächlich *glaubten*, und das wirkte sich einfach auf ihren Lebensstil aus. Ihre Beziehung zu Jesus Christus schien genauso wirklich und gültig wie irgendeine ihrer anderen Beziehungen, und sie gab ihnen eine Freude und eine Lebendigkeit, die mich ärgerlich machten.

Sie nahmen mich auch mit zu einer „Bibelstunde" in irgendeinem Haus in Los Angeles. Ich fand es unglaublich langweilig. Der Raum war brechend voll mit lächelnden Kaliforniern, die Bibeln herumtrugen, ihre Augen schlossen und fromme Lieder sangen. Es war so voll, daß ich den ganzen Abend über vergeblich versuchte, durch einen Spalt der Küchentür einen flüchtigen Blick auf den Typ zu werfen, der die Bibel auslegte. Allerdings mußte sogar ich zugeben, daß seine Botschaft wesentlich realer und zutreffender war als alles, was ich während meiner kurzen Zeit in der Kirche von England gehört hatte.

Diese flüchtige Berührung mit dem Christentum war schon Jahre her und stammte aus einer Zeit, als ich zur Jugendgruppe ging. Eigentlich wollte ich Schlagzeug spielen lernen. Aber ich hatte das Ganze bald satt, als ich merkte, daß ich, bevor ich die Drumsticks in die Hände bekommen würde, erst einmal Waldhorn spielen lernen mußte. Das war nicht gerade ein Rock 'n' Roll-Instrument.

Wer in der Jugendgruppe war, mußte an den Gottesdiensten der Methodisten-Kirche teilnehmen. Vielleicht lag es an meinem Alter, aber diese Sonntagvormittage erschienen mir furchtbar langweilig. Der einzige Höhepunkt bildete der Versuch, mit vereinten Kräften Mr. Lane niederzubrüllen, der aus ganzem Herzen und mit voller Inbrunst Wesleys Choräle sang. Er war einer der Kirchenältesten und hatte eine dröhnende Stimme und einen Fuß, über den im Zweiten Weltkrieg ein Panzer gefahren war.

Glücklicherweise endete nach drei Tagen der Alptraum in Los Angeles, und Arizona winkte. Ich war mir sicher, daß ich Derek zum letzten Mal gesehen hatte. Meinen Freunden in England würde ich von seinem totalen Wahnsinn berichten.

Als Derek mich vor unserer Abreise im Hotel absetzte, gab er mir ein paar Bücher mit den Worten: „Ich möchte gern, daß du sie nimmst und liest. Sie haben mir entscheidend geholfen bei meiner neuen Lebenseinstellung."

Gezwungenermaßen nahm ich sie und warf einen gelangweilten Blick auf den oberen Titel. Das Buch hieß „Pardon, ich bin Christ“ von einem C. S. Lewis.

„Danke, Derek“, murmelte ich und versuchte, so nett wie möglich zu sein – in der Hoffnung, daß er mir nicht weiter auf den Wecker gehen würde, wenn ich die Bücher nähme.

Erleichtert stieg ich in den Tour-Bus und flüchtete mich wieder in das Leben auf Tournee. Als wir durch die Wüste nach Arizona fuhren, blätterte ich mich mehr aus Langeweile durch die Bücher. Sie waren gar nicht so langweilig, wie ich gedacht hatte, sondern sie schnitten einige Themen an, über die ich noch nie nachgedacht hatte. Sie schienen von einem Gott zu sprechen, der nicht nur auf der Erde am Werke, sondern sogar eng mit dem Leben der Menschen verbunden war und einen Plan für sie hatte. Ich stopfte die Bücher ganz unten in meine Tasche und lebte wie vorher mit der Band weiter.

So sehr ich es auch versuchte, die Bücher gingen mir nicht aus dem Kopf. Ich redete mir ein, daß ich nur bekümmert über Dereks Geisteszustand sei, und meinte, daß „normale“ Leute nicht soviel Aufhebens um Gott und all diesen religiösen Kram machen mußten. Ich setzte mir als Ziel, von der Bibel her zu widerlegen, was diese Menschen sagten, und dann Derek zu beweisen, daß dieses ganze Getue um das Christentum wirklich nicht nötig sei.

Meine Aufgabe nahm mich ganz in Anspruch.

Jede freie Minute verbrachte ich damit, die Sinnlosigkeit der geschenkten Bücher und ihrer Bibelzitate zu untersuchen. Eins hatte ich vom Englisch-Unterricht in der Schule behalten: Es ist sehr einfach, Dinge aus dem Zusammenhang zu reißen, um so auszudrücken, was man will. Ich mußte also nur die Zitate wieder zurück in den Zusammenhang stellen, um dadurch das wirkliche Bild zu bekommen.

Aber seltsam. Je angestrengter ich versuchte, einen dieser Autoren zu widerlegen, um so mehr merkte ich, daß ich objektiv eigentlich nur einer Meinung mit ihnen sein konnte. Nach einer Weile beschloß ich, diese Bücher beiseitezulegen und die Bibel zu studieren, denn so konnte ich wenigstens Derek (und mir selbst) zeigen, daß ich alles versucht hatte, um das, was ihn erfüllte, zu akzeptieren.

Als der AC/DC-Bus durchs Land fuhr und alle ihren üblichen Freizeitbeschäftigungen wie dem Konsum von Drogen und Pornofilmen nachgingen, durchforschte ich das Alte Testament. Ich war nicht besonders beeindruckt. Dieser Gott schien furchtbar viel zu zerstören, ganze Nationen auszulöschen und Menschen umzubringen. Ich hatte natürlich mein Standard-Argument: „Wenn Gott Gott ist und dazu ein Gott der Liebe“, was Derek mir dauernd versichert hatte, „wie kommt es dann, daß es Ungerechtigkeit gibt und daß Menschen verhungern?“ Ein anderes war: „Wie kommt es, daß böse Menschen über gute siegen?“

Das nächste: „Wie kommt es, daß es soviel Leid in der Welt gibt?“ Und mein ganzes Bibellesen schien mir keine Antwort auf auch nur eine dieser Fragen zu geben.

Ich las eines Tages von einem französischen Philosophen, Emile Caillet, der während des Ersten Weltkrieges im Schützengraben saß und über das Elend, die Verzweiflung und die Leere seines Lebens nachdachte. Er sehnte sich danach, ein Buch zu finden, daß ihn, nach seinen Worten, „verstehen“ würde. Dies schien auch meine Situation zu sein. In diesen bohrenden Fragen des „Sündenfalls“ entdeckte ich aber eine gewisse Aktualität. Es gab sehr viel über „Sünde“ zu lesen und über Gottes Umgang damit. Offenbar gab es eine gewisse Hilflosigkeit in der Menschheit, ein Zustand, von dem es keine Befreiung zu geben schien. Ich betrachtete mich selbst natürlich nicht als „Sünder“, aber irgend etwas Unangenehmes hatte sich in mein Gewissen gebohrt und ließ mich nicht in Ruhe. Trotzdem beschäftigte ich mich weiter mit der ganzen Angelegenheit, denn ich tat es ja für meinen Freund.

Merkwürdig war, daß Derek mir die ganze Zeit über in Los Angeles immer von Jesus erzählt hatte. Ich wußte alles über Jesus, denn wir hatten ihn in der Schule durchgenommen. Aber nun, als ich mich mit dem Neuen Testament beschäftigte, erwiesen sich der Jesus, der dort beschrieben wurde, und der Jesus, den ich zu kennen glaubte, als zwei völlig verschiedene Personen.

Obwohl ich äußerlich ganz ruhig erschien, rumorte es in mir. Ich war immer von der Frage gewurmt worden: „Warum sind wir hier?“ Als ich nun die Bibel las, erzählte sie mir, daß ich hier war, weil Gott etwas mit mir vorhatte.

Aber ich konnte mich wegen der Welt, in der ich lebte, nicht mit diesem Gott versöhnen. Ich erinnerte mich auch immer an ein Zitat, das wir in der Schule gehört hatten, als wir die Russische Revolution durchnahmen. Karl Marx hatte deutlich erklärt: „Religion ist Opium für das Volk.“

Da ich aus einer Arbeiterfamilie stammte, bestand für mich eine gewisse Anziehungskraft im Klassenkampf, wie er in Rußland stattfand; es war eines der wenigen Dinge, die mich in der Schule wirklich interessierten. Allerdings war unser britischer „Klassenkampf“ eine durchaus berechenbare Angelegenheit. Es war selbstverständlich, die Labour-Partei zu wählen, unabhängig vom Kandidaten. Einige meiner Freunde sympathisierten mit den Jung-Sozialisten, und wenn man ihnen so zuhörte, dann fiel es leicht, die Ungerechtigkeiten und Schikanen der Reichen und die Scheinheiligkeit der Kirche aufzudecken und anzuprangern. Ich erinnere mich, daß ich schon damals den Ausspruch von Marx verstanden habe, denn in unserer Stadt gab es ein paar alte Kirchen. Es waren schöne gotische Gebäude, aber sie hatten irgendwie nichts gemeinsam mit dem Leben im 20. Jahrhundert.

Die Tage der Kirche schienen vorbei zu sein. Sie hatte ihre Zeit gehabt, als die Leute ein bißchen naiver und empfänglicher für Märchen und für die Vorstellung eines Gottes gewesen waren. Jetzt lebten wir im Zeitalter des Weltraums, und wir brauchten ein paar reale Antworten. Wir hatten es nicht mehr nötig, mit der christlichen Krücke weiterzuhumpeln.

Je mehr ich las, um so deutlicher erkannte ich jedoch, daß der Gott, den ich als Gott des Christentums zu kennen glaubte, weit entfernt war von dem Gott, der in der Bibel zu Wort kam. Während ich von Jesus las, berührte mich gelegentlich sein Mitleid und seine Fürsorge für ganz normale Menschen. Er war ein Freund der einfachen Menschen; und erstickendes, selbstgerechtes religiöses Verhalten, das eher unterdrückte als befreite, dagegen hat er ordentlich gewettert.

In wenigen Monaten hatte ich fast die ganze Bibel gelesen. Ich fand nicht gerade viele Argumente, die ich Derek entgegenhalten konnte, aber ich hatte gewiß genug Stoff zum Nachdenken bekommen.

Nachdem ich die Bibel durch hatte, fragte ich mich: „Was ist mit all den anderen Religionen? Nun, sie sind alle ein und dasselbe, oder?"

Um sicherzugehen, daß sie alle „ein und dasselbe“ waren, verschlang ich ungeheure Mengen von Büchern über alle möglichen Religionen. Mir waren sogar jene Leute, die sich z.B. in Fußgängerzonen herumtrieben und sich an einen heranmachen, willkommen. Ich spendete für ihre Sache und war dankbarer Abnehmer ihrer Schriften und Traktate über „Bereicherung“ und „Erleuchtung“ – eine wirklich sonderbare Lektüre.

Ich nehme an, meine Freunde unter den Roadies dachten, ich hätte einen Joint zuviel geraucht und würde nie wieder normal werden. War es nicht lustig, daß hier dieser anti-christliche Pseudo-Intellektuelle Bücher über den Buddhismus, über Hare Krishna und den Islam verschlang?

Mich interessierte alles Religiöse, auch wenn ich nur flüchtig davon hörte. Schließlich erwischte ich mich dabei, wie ich sagte: „Nun, das ist ja alles gut und schön, aber es ist nicht dasselbe, was die Bibel sagt.“ Und das verwirrte mich noch mehr.

Ich kam zu der festen Überzeugung, daß nicht alle Religionen ein und dasselbe sind, sondern daß es unendlich viele Möglichkeiten und Meinungen gibt. Die meisten waren selbst für meinen Geschmack ein wenig zu sonderbar. Soviel Aufwand, um die Aufmerksamkeit von „Gott“ auf sich zu ziehen, wer oder was auch immer er sein mochte? Und da schwebte immer noch die Drohung, daß ich, falls ich es in diesem Leben vermasseln würde, im nächsten vielleicht eine Ameise wäre, auf die dann jemand treten könnte.

Ich wußte nun, daß es einen großen Unterschied zwischen dem Christentum und all den anderen Religionen gab, und hatte das unheimliche Gefühl, daß die Bibel ein Buch war, das mich „verstand".

Soviel war ich bereit zuzugeben. Aber wo ich die Bibel auf mich übertragen konnte, wußte ich nicht. Ich war inzwischen zu der Überzeugung gekommen, daß ich nicht viel tun konnte, wenn es Gott wirklich gab, um ihn zu beeindrucken. Obwohl ich mich als anständigen Menschen betrachtete – ich zumindest hatte niemanden umgebracht –, wußte ich, daß Gottes Maßstab anders und unerreichbar war – außer durch eine Beziehung mit Jesus.

Aber Jesus und Rock 'n' Roll schienen nicht viel gemeinsam zu haben; Rock 'n' Roll kannte ich, bei Jesus war ich mir da nicht so sicher.

Ich fragte alle meine Freunde im Bus nach ihrer Meinung über das Christentum. Natürlich waren wir alle Christen, das stand außer Zweifel. Schließlich waren wir Engländer, im Grunde unseres Herzens gutmütig und hatten nicht vor, irgendein Unrecht zu begehen, sondern wir waren nur dazu da, das Leben in vollen Zügen zu genießen. Das Beste für mich war gewiß, jenen Versuch, jemand zu werden, der ich schon war, aufzugeben. Ich fand es allerdings seltsam, daß alle unsere Meinungen und Vorurteile, je mehr wir darüber sprachen, sich immer weiter von der Art Christentum entfernten, die ich in der Bibel entdeckt hatte.

Wir führten manch heiße Diskussion. Stöpsel

(ein liebevoller Spitzname für einen der Gitarren-Techniker) war ein Science Fiction-Fanatiker. Er hatte seine eigene Vorstellung von Gott im allgemeinen und dem Evangelium im besonderen. Sie hatte viel mit Außerirdischen und Lebewesen von anderen Planeten zu tun. Es war ziemlich wirres Zeug, aber er war trotzdem von seiner Treue zum Christentum überzeugt.

Wir gerieten fast in Handgreiflichkeiten bei der Vorstellung, daß es einen liebenden Gott gäbe, der aber das Leid in der Welt zuließ. Große Auseinandersetzungen gab es auch, als wir über Vergebung diskutierten und darüber, ob Gott Leute wie Hitler in den Himmel lassen würde, wenn sie ihre Taten wirklich bereuten. Diese Diskussion wurde so hitzig, das Geschrei und Gekreische so laut, daß unser Fahrer vor Schreck fast im Straßengraben gelandet wäre. Das waren Themen, die zu Kopf stiegen, besonders wenn man sie in einem engen Tour-Bus mit müden und wunderlichen Roadies führte.

Ich bemerkte erstaunt, daß ich das Evangelium vehement verteidigte, während es aber noch nicht mein eigenes Leben bestimmte. Etwas hatte mein Herz angerührt, und zum ersten Mal in meinem Leben begann die harte Schale aus Wut und Frustration langsam aufzubrechen.

Ich nahm unsere Diskussionen ernst und stellte Fragen an diesen Gott, obwohl ich noch gar nicht sicher war, ob ich an ihn glaubte. Natürlich war ich bei diesem Thema genauso unsicher wie die anderen Jungs. Aber sollte es wirklich ethisch in Ordnung sein, in der Jugend mit allen Konsequenzen in der Gegend herumzuturnen und wenn dann nichts mehr ging, sich irgendwo niederzulassen und zu heiraten und Weihnachten und Ostern zur Kirche zu gehen? Zumindest schien dies die allgemeine Lebensplanung zu sein. Irgend etwas sagte mir, daß es mehr gab als ein solches Leben; daß ich es jetzt zu fassen bekommen mußte, denn vielleicht war es gefährlich zu warten.

Möglicherweise sagte mir das frühe Sterben mancher Freunde, daß es keine Garantie gab, daß wir alle ein reifes Alter erreichen würden. Aber was sollte ich tun?

Und die Band spielt weiter

Als die Lichter in der Detroiter Kobo Arena ausgingen, brachen die 18 000 eingefleischten AC/DC-Fans in ein erwartungsvolles Gebrüll aus. Der ohrenbetäubende Lärm und Tausende flackernde Feuerzeuge waren selbst für mich ein ungewöhnliches Erlebnis, obwohl ich mittlerweile schon an vielen Konzerten teilgenommen hatte.

Cliff Williams, der neue Bassist der Band, stimmte „Problem Child“ an, das übliche Konzert-Intro. Als sein Baß den Anfangsrhythmus ausspuckte, steigerte sich das Brüllen der Menge noch. Dann fiel Phil mit seiner Baß-Drum ein, bald gefolgt von den mächtig dominierenden Gitarre-Akkorden von Angus und Malcolm.

Ein einzelnes Spotlight hob Bon aus dem Dunklen hervor, als er in einen Urschrei ausbrach, seine Einleitung des Songs. Dann leuchteten alle Scheinwerfer gleichzeitig auf und strahlten die Halle aus – eine rauschende Rock ’n’ Roll-Nacht begann. Wir sind im Jahr 1979.

Mittlerweile war meine einzige Aufgabe bei der Band, Phils Drums aufzubauen, den Sound für sein Monitor-System zu mischen und mich ganz allgemein um seine Bedürfnisse zu kümmern. Phil und ich waren sehr gute Freunde geworden, und wir teilten ein Zimmer. Manch schwierige Situation hatten wir gemeinsam gemeistert, und ich versuchte, auch in extremen Streßzeiten zu helfen. Phil wollte mich auch während des Konzertes in seiner Nähe haben. Also baute ich das Mischpult mal gerade anderthalb Meter hinter ihm auf und konnte so den Sound mischen, ohne daß mich jemand sah.

Wir waren schon seit einigen Wochen unterwegs, und alles lief wie am Schnürchen. Wir waren routiniert, und es gab keinerlei Probleme. Heute ging das Publikum mit, es war ein gutes Konzert.

Erstaunlicherweise kann das Publikum die Show einer Band beeinflussen. Springt der Funke über, holt die Band das Beste aus sich heraus; wenn nicht, naja.

Natürlich hatte ich diese AC/DC-Songs Jahr für Jahr gehört, kannte jede Modulation und wußte genau, was im Konzert passieren würde. Sie würden die Hits aus den Alben „High Voltage“, „Let There Be Rock“, „Powerage“, „If You Want Blood“, „You've Got It“ und „Highway To Hell“ spielen.

Ich sah quer über die Bühne zu Keith hinüber, der hinter Malcolms Verstärkern und Boxen versteckt war. Er kam aus Birmingham und hatte einen beißenden Humor. Er war Malcolms Gitarrentechniker, und sein Lebensziel kannte jeder von uns: so wenig wie möglich mit dem kürzesten Zeitaufwand zu arbeiten und soviel Spaß wie möglich zu haben. Er hatte es geschafft, seine Arbeit so zu reduzieren, daß er jetzt nur noch Malcolms Boxen an die Verstärker anschloß, seine Gitarrensaiten wechselte und dafür sorgte, daß seine Bar gut ausgestattet war. Wenn man das Gewicht der Anlage in Betracht zog, mußten wir anderen nicht schlecht schuften. Aber wir konnten nie böse auf ihn sein, denn er ließ immer unglaublich lustige Kommentare aus dem Stegreif los, über die wir uns kaputtlachten. Sein dicker Birminghamer Akzent sorgte für viel Heiterkeit, wenn er unterwegs seinen Charme bei den verwirrten Amerikanern anbringen wollte.

In seinem Versteck hatte sich Keith seine eigene kleine Bar eingerichtet, mit einer kompletten Auswahl an Getränken und einer Wurfscheibe. Eine andere Lebensaufgabe schien Keith darin zu sehen, das aufzureißen, was er als „süße, schüchterne, geheimnisvolle Mädchen" bezeichnete.

Im Verlauf des Konzerts nun hielt er eine Cola-Dose hoch und formte lautlos mit den Lippen: „Willst du eine?"

„Klar", nickte ich, und er brachte mir – verdeckt von der Anlage – eine Dose rüber.

Ich nahm die Cola, und während ich sie öffnete, geschah etwas Seltsames mit mir. Hier war ich also mitten in diesem Konzert, und in meinem Kleinhirn tackerte es: „Barry, du mußt dich entscheiden: entweder mußt du das ganze Zeug mit Gott vergessen und so weiterleben wie bisher, oder du mußt damit aufhören und mit Gott weitermachen."

Ich fühlte mich wie ein Vulkan, der gleich ausbrechen würde. Ich dachte über mein Leben nach, die Musik nahm ich nur noch im Hintergrund wahr. Vor meinem geistigen Auge ließ ich die vergangenen Jahre Revue passieren. Im Bemühen, Antworten und eine Art inneren Frieden zu finden, war ich ein hartherziger, zynischer, durch Drogen zerstörter junger Mann geworden. Nach außen hin war ich kein schlechter Mensch; ich war sogar im Gegenteil meist freundlich und umgänglich. Aber im Innern verbarg sich eine verzweifelte Persönlichkeit, die unzufrieden und unsicher war. So wollte ich nun nicht gerade besonders gern weiterleben.

Die Zukunftsaussichten schienen mir da schon ein bißchen trübe. Natürlich konnte ich alles ertragen – eigentlich mehr als das; wenn ich es nur nicht zu genau untersuchte. Plötzlich überwältigte mich dann ein Gefühl von Sinnlosigkeit und Einsamkeit. Bilder rasten durch meinen Kopf. Mir war schon länger klar, daß Drogen trotz ihrer anfänglichen Anziehungskraft nicht gerade das Wahre für mich waren. Es hatte sich zur Gewohnheit entwikkelt: der Kauf, das Nehmen, das High-Werden und danach das Nachlassen der Wirkung. Mein Körper war ausgezehrt, ganz von ferne hatte ich schon ein paar Mal den Tod winken gesehen. In letzter Zeit konnte ich sogar seltsame Symptome an mir feststellen, fast wie epileptische Anfälle: Ich verlor dann die Kontrolle über meinen Körper und wand mich zitternd am Boden.

Außerdem lief mir ständig die Nase, vielleicht wegen all des Zeugs, das ich schnupfte. Ich hatte dauernd Magenbeschwerden, ich hustete regelmäßig Blut, und das Essen fiel mir schwer.

So sehr ich die Musik auch liebte, Erlösung brachte sie mir nicht. Die Musiker, die hier verehrt und fast angebetet wurden, haben auch keine Antworten. Eine außergewöhnliche Beschäftigung und ein etwas extravaganter Lebensstil machen sie selbst noch nicht anders als andere Leute. Nur für den kurzen Moment, in dem sie ihre Gitarren zur Hand nehmen und auf der Bühne stehen, hat ihr Leben etwas Besonderes. Natürlich habe ich gegen Ruhm und Ehre nichts einzuwenden, aber sie sind doch ganz schön launisch und vergänglich.

Ich hatte viele berühmte Leute getroffen, aber keiner konnte mir sagen, wohin unser Leben führte. Ich sah, wie vergänglich Reichtümer sind. Wie unglaublich lange es dauert, bis jemand an der Spitze ist. Und wie wankelmütig die Menschen sind, die ihn im nächsten Jahr für einen anderen Helden fallen lassen.

Die Band würde gleich „It's a long way to the top if you want to rock 'n' roll" singen. Wie wahr! Das ganze Gerede von dem Erfolg, der über Nacht gekommen war, ist nur die Erfindung einiger Journalisten. Ich fragte mich sogar, ob der Spitzenplatz überhaupt ein lohnendes Ziel war. Für Janis Joplin und Jimmy Hendrix war es das nicht.

Die Gesetze und Regeln, die Maßstäbe meiner Zeit lehnte ich grundweg ab. Sie waren oberflächlich und scheinheilig. Ich hatte dafür längst meine eigene Moral entwickelt. Ich verfolgte mein eigenes Ziel und trickste andere aus, wenn es sich nicht vermeiden ließ – so höflich wie möglich, versteht sich. Eigentlich war ich also genauso oberflächlich und scheinheilig wie alle anderen.

Dann gab es da diese Angelegenheit mit Gott. Mittlerweile war mir klar, daß ich kein Christ war. Ich hatte bestimmte christlich-ethische Vorstellungen, aber ich war weit von dem entfernt, was die Bibel einen Christ nennt. Obwohl ich immer noch mit vielen unbeantworteten Fragen herumlief, hatte ich doch eingesehen, daß die zahlreichen Weltprobleme, für die man letztlich Gott die Schuld gab, deshalb bestanden, weil wir Gott gar nicht machen ließen. Ich war absolut nicht sicher, ob ich die Schuld dafür, daß in Indien Menschen verhungerten, Gott in die Schuhe schieben konnte. Denn forderte er jemanden auf, Ratten zu verehren, die Krankheiten verbreiteten, oder bezeichnete er Kühe als heilige Tiere, die überall herumstreifen und alles fressen dürfen, während Menschen verhungern?

Ich ärgerte mich manchmal gewaltig über Gott, obwohl ich nach außen vorgab, überhaupt nicht an seine Existenz zu glauben. Ich wurde eigentlich nicht damit fertig, in eine Sozialwohnungs-Generation hineingeboren zu sein, in der überall menschliche Ungerechtigkeiten vorherrschten und alle möglichen Atomkatastrophen drohten. Und dann kam da ein Jesus Christus, der vorgab, Gott in dieser Welt zu zeigen.

Ein Kumpel beschwerte sich einmal in einer unserer Diskussionen, daß das Christentum zu einfach sei. Vielleicht haben wir hier den springenden Punkt: Wir leben in einer so komplizierten Welt, daß wir auch immer äußerst komplizierte Antworten erwarten. Doch dem Gott der Bibel war die Situation der Menschen so klar, daß er eine absolut einfache und simple Antwort auf alle Probleme gegeben hatte: Er kam nämlich selbst als Mensch in diese Welt und nahm all das Elend der Welt auf sich.

Während die Band kreuzfidel weiterspielte, wurde mir wirklich bewußt, wer Barry Taylor eigentlich war. Die Scheinheiligkeit, die absolute Leere meines Lebens traf mich wie ein Schlag.

All meine Wut nahm ich zusammen und sagte: „Ich will nicht so weiterleben."

Für mich gab es in dem Moment wirklich keine andere Wahl. Ich nahm den Ruf eines Gottes wahr, der auch am Werke ist, wenn wir nicht an ihn glauben. Der einen Plan und ein Ziel für unser Leben hat, selbst wenn wir seine Existenz abstreiten, und der in seiner großen Liebe seinen Sohn sandte, um uns von uns selbst zu erlösen.

Kein Zweifel, ich hatte mich dafür entschieden,

mein Leben diesem Gott anzuvertrauen. Ich wußte nur nicht, wie ich es machen sollte – Billy Graham war weit weg. Also betete ich – fest entschlossen und zum ersten Mal: „Gott, laß dieses Konzert schnell vorübergehen, damit ich Dir mein Leben übergeben kann!"

Ich nehme an, daß ich mein Leben gleich an Ort und Stelle hätte an Gott anklinken können, aber ich wollte damit lieber warten und es im Bus tun.

Das Konzert endete keineswegs schneller als sonst, aber als es vorbei war, arbeitete ich härter denn je, die Anlage schnell abzubauen und nach draußen zu tragen. Als endlich alles auf die Lkws geladen war, sprintete ich zu unserem Tour-Bus, der uns nach Chicago bringen sollte. Das war keine weite Entfernung, und so hatten wir ein paar zusätzliche Passagiere eingeladen. Sie entsprachen Keiths Vorstellung von „süßen, schüchternen, geheimnisvollen Mädchen", und als wir auf die Schnellstraße einbogen, war die Party schon in vollem Gange.

Aus der Stereoanlage dröhnte die Musik, auf dem Bildschirm vorne im Bus flimmerte ein Pornovideo, der Alkohol floß, es gab Drogen, und alle außer mir hatten viel Spaß.

Mitten in all diesem Tohuwabohu zog ich meine Bibel heraus. Wie sollte ich vorgehen? Ich blätterte hier und da eine Seite auf, aber das schien mir nicht sehr sinnvoll. Dann versuchte ich, mir einige der Gebete in Erinnerung zu bringen, die wir in der

Schule morgens gebetet hatten. Eins kam mir in den Sinn, das unser Direktor des öfteren vorgetragen hatte: „Lehr uns, lieber Herr, Dir zu dienen, wie Du es verdienst, zu geben und die Kosten nicht zu scheuen, zu kämpfen und nicht auf die Wunden zu achten, uns zu mühen und nicht nach Ruhe zu fragen, zu arbeiten und keinen Lohn zu begehren als nur den, daß wir gewiß sind, deinen Willen zu tun."

Meine Zeit des Wartens war vorüber.

Wieso ich mich gerade an dieses Gebet erinnerte, weiß ich nicht. Aber in dieser Nacht leierte ich es nicht wie in der Schule mechanisch herunter, wo ich Witze gemacht, mich mit meinen Freunden kaputtgelacht und nach den Mädchen geschielt hatte. Nun geschah es mit meinem ganzen Herzen. Danach sagte ich: „Gott, ich will das Leben, das Du für mich hast. Was auch immer es ist und wohin es auch führt, ich möchte für Dich auf der Erde leben. Amen."

Ich wußte nicht, wie es weitergehen würde. Aber ich war sicher, daß sich etwas ändern mußte – und zwar bald.

Music City Blues

An einer Fußgängerampel in Nashville wartete ich auf Grün, als mich ein Mädchen ansprach: „Weißt du, daß Jesus dich liebt?“

„Ja, das weiß ich“, erwiderte ich eifrig.

Sie schien verblüfft. „Wirklich?“ fragte sie erstaunt.

Vielleicht war es mein Aussehen. Ich war mir sicher, jetzt ein richtiger Christ zu sein, aber äußerlich hatte sich nichts geändert. Die „schwarze Schreckensgestalt“ aus Huntingdon streifte immer noch durch die Straßen.

„Du bist nicht von hier, oder?“ sagte sie und bemühte sich, ihre Fassung wiederzugewinnen.

„Nein, ich bin Engländer“, entgegnete ich, obwohl das doch meiner Meinung nach offensichtlich war.

„Gehst du hier zur Schule?“ fuhr sie fort und wiederholte damit eine Standard-Frage, weil in diesem Land jeder dauernd „zur Schule ging“, auf die eine oder andere Weise.

„Nein, ich arbeite für eine Band.“

„Oh, das ist ja großartig. Dann arbeitest du also in der Verkündigung?“

Da war mir nun gar nicht klar, was sie meinte. Ich kannte mich in der christlichen Terminologie noch nicht so gut aus.

„Ich finde es toll, daß du jungen Leuten das Evangelium durch Musik verkündigst", ließ sie nicht locker.

„Oh, es ist keine christliche Band", sagte ich.

Sie wurde blaß. „Also, was ist es dann?"

„Ich arbeite für AC/DC. Wir geben hier in der Stadt ein Konzert."

Nun geriet sie ganz aus dem Häuschen und rief ein paar Freunden über die Straße hinweg etwas zu. Ich wußte nicht, was die ganze Aufregung sollte, aber sie war überzeugt, daß wir ernsthaft miteinander reden sollten. So stellte ich die Suche nach Drumsticks eine Weile zurück.

Ich wollte die AC/DC-Truppe nicht mitten während der Tournee verlassen. Auch wenn mein Job technisch sehr einfach war, aus dem Stand konnte ihn doch nicht einfach irgendwer übernehmen. Außerdem fühlte ich mich moralisch verpflichtet zu bleiben, denn wenn ich diese Beziehung zu Jesus brauchte, meine Rock 'n' Roll-Kumpel hatten sie ganz genauso nötig, und immerhin waren wir ja tatsächlich Freunde.

In Nashville hatte mich Phil gebeten, ein paar spezielle Drumsticks für ihn zu besorgen. Ich zog also suchend durch die Straßen der „Music City USA", als ich auf jene christliche Gruppe mit ihrem „Höllenfeuer-und-Schwefel"-Weltbild traf. Ich lernte viel aus dieser Begegnung, denn ich hatte gelegentlich den Jungs auf der Tournee dieselbe Darstellung gegeben. Doch grundsätzlich suchte ich eigentlich keinen Streit, sondern wollte ihnen nur mitteilen, was mit mir geschehen war und was mein Herz erfüllte.

Das fand recht guten Anklang. Natürlich machte man die üblichen Witze über mich. Meine Freunde konnten jedoch eine Veränderung an mir und an meinem Lebensstil wahrnehmen. Drogen hatten ihre Anziehungskraft für mich ganz verloren, und obwohl ich sie soviele Jahre genommen hatte, war erstaunlicherweise das Verlangen danach verschwunden. Aber von Zeit zu Zeit kam die Versuchung: „Was schadet dir ein Joint, Barry? Auf jeden Fall hat Gott auch Grass geschaffen, oder?"

Lehnte ich Marihuana ab, gab das unvermeidlich Auseinandersetzungen, aber meistens akzeptierten mich Band und Crew. Eine Tournee-Band trifft immer auf seltsame Leute, also welchen Unterschied machte es, wenn es einen mehr gab?

Ich las einigermaßen regelmäßig in der Bibel, und ich machte nun um manches einen Bogen, vor allem um Mädchen und um Drogen.

Die Straßenprediger in Nashville schoben mich dennoch in die Passage eines geschlossenen Geschäftes und fuhren fort, mir die Leviten zu lesen.

„Merkst du nicht, daß du an Satans Werk mitarbeitest?" stellte einer von ihnen rigoros fest.

„Als Christ darfst du keine Gemeinschaft mit Sündern haben und nicht mit Ungläubigen zusammenarbeiten", meinte ein anderer, dessen Stimme vor Verachtung für die selbsterlebten verdorbenen Zeiten regelrecht triefte.

Meine Erklärungen, warum ich noch bei der Band war, trafen auf taube Ohren. Sie verlangten, ich solle sofort zur Konzerthalle zurückgehen, meine Sachen aus dem Bus holen und zu ihnen kommen. Natürlich verstand ich ihre Bedenken, aber auch wenn mein Wunsch, bei der Band zu bleiben, ihnen noch so gefährlich erschien, ich konnte nicht einfach meine Verpflichtungen aufgeben, bevor ein Ersatz gefunden war. Ich lächelte deshalb vage und beschloß, nichts mehr zu sagen. Mir schien, daß Gott mich mitten in meiner Rock 'n' Roll-Zeit getroffen, mir aber nicht sofort gezeigt hatte, daß ich gehen mußte. Er erlöste mich gerade mittendrin. Nach einigen Momenten, in denen wir uns bedeutungsvoll in die Augen sahen, verabschiedete ich mich von den Straßenpredigern.

Meine freundlichen „Fänger" ließen mich schließlich gehen und rieten mir, so schnell wie möglich „auszusteigen". Und ich ging mit dem festen Wissen, niemanden verurteilen zu können, selbst wenn er außerhalb des Reiches Gottes steht.

In mir verkrampfte sich alles, wenn wir in anderen Städten auf protestierende Fanatiker stießen, mit Plakaten bewaffnet und vollkommen davon überzeugt, daß wir alle auf dem direkten Weg zur Hölle wären. Nicht ihre Warnungen als solche störten mich, ich bezweifelte nur, daß sie die effektivste Weise benutzten, Gottes gute Nachricht weiterzusagen.

„Wenn Leute wie die in den Himmel kommen, werde ich lieber woandershin gehen“, meinte ein Crew-Mitarbeiter nach einer Konfrontation mit fanatischen Christen.

Paßte nicht genau hier die Geschichte jener Frau, die ein schäbiges Leben geführt hatte und nun mit Reue und Tränen zu Jesus kam? Das ärgerte die frommen Pharisäer sehr. Jesus erwiderte auf ihre Entrüstung: „Denen viel vergeben ist, die lieben viel.“

Die Pharisäer sahen nur den kaputten Lebenswandel der Frau und ärgerten sich darüber. Jesus sah in das Herz der Frau und dessen Zerrissenheit. Für die Pharisäer zählte nur ihre Situation. Jesus gab ihr Hoffnung auf Befreiung aus dieser Situation.

Es ist so leicht, Menschen für die eigene Lage verantwortlich zu machen, dabei geht es einzig und allein darum, daß sie verloren sind.

Natürlich war mir klar, daß diese Musik ein anderes „Evangelium“ predigte. Es lautete: „Sex, Drogen und Rock ’n’ Roll – das ist alles, was der Körper braucht.“ Die Bibel wiederum sagt: „Wie ein Mensch in seinem Herzen denkt, so ist er.“ Aber Jesus verurteilte Blindheit nie. Statt dessen brachte er Erkenntnis. Er wandte sich jedoch gegen alle, die einen Keil zwischen verlorene Menschen und den lebendigen Gott trieben. Es ist gewiß keine große Leistung, die Welt zu verurteilen und festzustellen, daß bestimmte Leute unrettbar weit vom Reich Gottes entfernt sind. Die Mitarbeiter in der Medienindustrie sind hier eine recht beliebte Zielscheibe – vor allem die Hardrock- und Heavy Metal-Bands. Die Aufgabe der Christen ist es aber nicht, zu verurteilen, sondern als Lichter mitten in einer „gottlosen und verdorbenen" Generation zu scheinen und das Licht von Jesus Christus in eine Welt zu bringen, die nicht sehen kann. Jeder, der zu Gottes Reich gehört, war auch einmal „blind" und sieht jetzt auch nur „zum Teil".

Meine Nashviller Street-People wußten nicht, daß Gott bei AC/DC am Werke war. Das beweist meine eigene Geschichte, wenn ich auch nicht sagen kann, daß sich einer aus der Band jetzt an Gott hält.

Die letzten zwei Monate unserer Tournee führten uns durch Frankreich. Zufälligerweise hatte die Frau des Veranstalters (eine japanische Christin) das Video mit der Acht-Stunden-Version von „Jesus von Nazareth" dabei. Da wir alle unsere täglichen Clint Eastwood- und John Wayne-Filme leid waren, sah sich die Band dieses Video während der langen Busfahrten von Konzert zu Konzert an. Das gab viel Gesprächsstoff.

Mich hatte unter anderem mein Verständnis von der Bibel, daß Gott einen Plan für mich hatte, zu Gott gebracht. Nun wollte ich den Plan auch kennenlernen. Das Ende unserer Tour würde auch das

Ende meiner Arbeit als Roadie sein. Das wußte ich.

Ich schrieb „meinem“ Drummer Phil einen Brief und erklärte ihm, so gut ich konnte, die Gründe, aus denen ich fortging. Dann schritt ich von einem Leben, das vom Rock ’n’ Roll bestimmt war, in ein neues Leben, das auf den wahren „Fels“ gegründet war.

Johnny B. Love

Zwei Christen kannte ich: Derek und meine Großmutter. Nichts gegen Großmutter, aber ich entschied mich für Derek. Mir schien, daß wir viel mehr an Gemeinsamkeiten hatten. Nach einem kurzen Aufenthalt zu Hause bei Pete und meinen anderen Freunden, die erstaunlicherweise auch anfingen, dieses ganze christliche „Zeug“ zu prüfen, beschloß ich also, für eine Weile nach Los Angeles zu gehen. Ich wollte meinem neuen Leben eine Entwicklungschance geben und konnte es kaum erwarten, Gottes Plan für mein Leben zu entdekken.

Derek holte mich mit seinem treuen Dodge Dart am Internationalen Flughafen in L.A. ab und brachte mich zu seinem Haus, das vor nicht allzu langer Zeit jener Ort des Schreckens für mich gewesen war.

„Mensch, altes Haus, ich hätte nie gedacht, daß ich dich und deine verrückten Freunde jemals wiedersehen würde“, lächelte ich.

Derek aber meinte, das sei eigentlich unvermeidlich gewesen, und er erzählte mir, sie hätten viele Stunden für mich und die ganze Clique in Huntingdon gebetet.

„Für mich ist das wie ein Wunder, daß Gott mich nach Amerika bringt und ich hier Christ wurde.

Und es hat doch ganz schön das Leben von uns allen beeinflußt", faßte er die Dinge aus seiner Sicht zusammen.

In Dereks Haus standen seine Freunde schon als Begrüßungskomitee bereit. Dieses Mal fühlte ich mich gleich zu Hause.

Derek und seine Mitbewohner spielten in der christlichen Band „Ark", die vor allem in Süd-Kalifornien auftrat. Gerade erst aus der Szene ausgestiegen, war ich jetzt ganz schnell wieder im Geschäft, baute die Anlage auf und mixte den Sound ab.

Auf Dereks Gemeinde war ich ungeheuer neugierig. Vielleicht fand ich ja hier die Leute, die erkannt hatten, was Gott heutzutage zu sagen hat.

Die Bibelstunde, zu der mich Derek bei meinem letzten Besuch mitgenommen hatte, war inzwischen zu einer Gemeinde gewachsen, in der alle Altersgruppen und soziale Schichten aktiv waren.

Der Pastor, wir nannten ihn nur Rick, war mir eine große Hilfe, meiner Beziehung zu Gott etwas mehr Substanz zu verleihen. Viele in der Gemeinde hatten sich genauso wie ich gerade erst mit Gott eingelassen. Vielleicht fühlte ich mich deshalb von Anfang an sehr wohl und war eifrig damit beschäftigt, mein Leben mit den Vorstellungen und Maßstäben Jesu in Einklang zu bringen.

Rick war nicht nur an Kalifornien interessiert, und so hatten wir oft Missionare aus den unterschiedlichsten Ländern zu Gast. Ich war immer schon gern gereist, aber nun fühlte ich, daß Gott eine Botschaft hatte, die die ganze Welt hören mußte.

Die meisten der Missionare, die zu uns kamen, waren ganz normale Leute, die sich im Gehorsam zu Gott auf unglaubliche Abenteuer eingelassen hatten. Ein Mann hatte eine ganze Reihe von Waisenhäusern in Brasilien aufgebaut – und das in einem Alter, in dem andere an ihren Ruhestand denken würden. Obwohl er viele Jahre in Brasilien gelebt hatte, war es ihm einfach nicht gelungen, die Sprache zu lernen. Er konnte nicht besonders gut predigen und war immer noch so typisch amerikanisch wie Apple Pie, und doch hatte Gott sein kindliches Vertrauen, sein Mitleid und seinen Einsatz für die zahlreichen elternlosen Kinder in den brasilianischen Städten gesegnet.

Die Worte all jener Missionare trafen mein Herz. Sie sprachen alle davon, wie Gott die Welt mit seinem Evangelium erreichen will und wie ganz normale Leute, die zum Glauben an Jesus gekommen waren und ihm dann ihr ganzes Leben widmeten, seine Botschaft verkündigen konnten.

Noch immer war ich fest entschlossen, Gottes Plan für mein Leben zu entdecken. Ich hatte nicht die leiseste Idee, was es sein konnte, aber ich mußte es unbedingt herausfinden. Langsam jedoch schien ich der Sache näher zu kommen. Wie ich schon sagte, hatte ich immer diese Vorliebe fürs Reisen, aber wenn ich irgendwo hinkam, war ich nie zufrieden, nur so kurz dazubleiben. Im Unterbewußtsein hatte ich den Eindruck, daß es da Arbeit zu tun gab, aber welche, wußte ich nicht.

Mir fiel besonders schwer, einmal etwas längere Zeit an einem Ort zu leben. Alles wird anders, wenn man irgendwo lebt und nicht nur im Bus in eine Stadt braust und sie ein paar Stunden später schon wieder verläßt. Allmählich wurde mir klar, daß die vertikale Beziehung zu Gott relativ problemlos war; es waren die horizontalen Beziehungen – die Beziehung zu anderen Menschen –, an denen sich die Wahrheit dessen, was ich glaubte, erweisen mußte.

Bald schon wurde mir bewußt, daß ich stolz darauf war, alle Antworten zu haben. Es war so viel leichter, andere zu berichtigen, als den „Balken" aus dem eigenen Auge zu ziehen. Aber Gott ist gnädig und barmherzig, und er arbeitete ganz kräftig an mir. Langsam nahm mein Leben als Christ Gestalt an.

Im Vergleich zu den aufregenden Tourneen früherer Zeiten war mein neues Leben jetzt eher nüchtern. Aber ich hatte einen inneren Frieden gefunden, den ich nie zuvor gekannt hatte. Ich lernte, wie mein Verhältnis zu Gott gefestigt und gestärkt wird, wenn man sich täglich neu auf ihn einläßt.

Obwohl ich wirklich ernsthaft daran interessiert war, meine Beziehung zu Gott auszubauen, muß ich ehrlicherweise auch sagen, daß ich am ersten Abend ein Mädchen traf, das mich zusätzlich motivierte, bei nächster Gelegenheit wieder in die Gemeinde zu gehen.

Cathy war eine unglaublich lebenssprühende Person mit betörend grünen Augen und kohlrabenschwarzem Haar. Ich hatte noch nie jemand kennengelernt, der so voll Leben war – nicht in einer erdrückenden Art, sondern gerade durch ihr Lächeln, ihre leuchtenden Augen.

Den Grund für Cathys Lebensbegeisterung und für ihren übersprudelnden Charakter entdeckte ich schnell. Sie hatte an einer unheimlichen Krankheit gelitten, die ihr zentrales Nervensystem angriff und sie buchstäblich allergisch gegen das 20. Jahrhundert machte. Dinge, die wir normalerweise gar nicht wahrnehmen, brachten sie in Lebensgefahr. Ihr Körper reagierte auf fast alle Chemikalien und Kunststoffe, bis sie sich völlig von ihrer Umgebung isolieren mußte, ganz abgeschlossen von der Welt lebte. Nicht einmal in der Bibel konnte sie lesen, da die Ausdünstungen der Druckerschwärze sie bereits unglaublich krank machten.

Cathy verbrachte fast vier Jahre in dieser Hölle. Ein gewaltiger Unterschied zu ihrer früheren Karriere als Top-Model in Los Angeles!

Sie magerte auf etwa 30 kg ab, verlor alle Haare und konnte jahrelang keinen Schritt gehen. Nun war sie hier, in der Gemeinde, und lebte wieder gesund und wohlauf in der normalen Welt.

Für mich war es einfach, Cathys Beziehung zu Gott und den hohen Wert, den sie dem Leben gab, zu verstehen. Von ihr lernte ich, daß das Leben viel zu kostbar ist, um als selbstverständlich hingenommen zu werden. Sie hatte alles erlebt, was die Welt so bot, und sie war mit vielen Stars unterwegs gewesen, wie z.B. mit Robert Plant, dem Sänger von Led Zeppelin. Sie machte sogar bei der Aufnahme des fast schon klassischen „Stairway to Heaven" mit. Aber nun hatte sie die wirkliche Himmelsleiter entdeckt.

Nach ein paar Monaten, in denen wir uns nur kurz begrüßt und flüchtige Blicke während des Gottesdienstes ausgetauscht hatten, kam Cathy eines Tages auf mich zu und hielt ein Schwätzchen. Später erzählte sie mir, daß sie an mir interessiert gewesen sei, aber meinte, daß sie nach einer erst kürzlich zerbrochenen Beziehung noch nicht bereit für eine neue wäre. Trotzdem fühlte sie sich angezogen. In der hoffnungsvollen Erwartung, daß ich mich als völliger Trottel erweisen würde, wenn ich nur den Mund öffnete, ging Cathy auf mich zu. Dann hätte sie mich in aller Ruhe abschreiben und zufrieden weiterleben können. Aber sie hatte nicht mit meinem englischen Akzent gerechnet, und so startete unsere Beziehung.

Wir verabredeten uns so, wie es Christen normalerweise tun: Wir verbrachten immer mehr Zeit beim gemeinsamen Bibellesen – und die Zuneigung wuchs. Dabei zeigte mir Cathys hohe Achtung vor dem Leben, wie sehr ich mein eigenes Leben bisher verschwendet hatte.

Hier war jemand, der verzweifelt um sein Leben gekämpft hatte, während ich eifrig damit beschäftigt gewesen war, mich selbst zu zerstören und meinen Körper zu mißbrauchen.

Cathy hatte sich wegen der Art ihrer Krankheit kräftig mit ihrer Persönlichkeitsstruktur auseinandersetzen müssen. Als Model war sie stolz auf ihr Aussehen gewesen, ja, sie hatte sogar ihr Geld damit verdient. Ein abgebrochener Fingernagel konnte ihr den ganzen Tag verderben. Aber die Zeit, in der sie sich auf ein einziges Zimmer beschränken mußte und ihr gutes Aussehen von Tag zu Tag mehr verschwinden sah, hatte ihr eine bittere Lektion erteilt. Da hatte sie halt erlebt, daß Leute sie nicht besuchen wollten, weil sie ohne ihr Make-up oder Haarspray hätten kommen müssen. Oder daß Leute sie nur anriefen, um über ihre sogenannten Freunde zu lästern und Belanglosigkeiten zu tratschen. Deshalb entwickelte sie nun eine unglaubliche Vorliebe für Leute, denen es um substanzielle Dinge ging.

Kein Wunder, daß Cathy ihre Beziehung zu Gott und zu anderen Christen nicht als eine Selbstverständlichkeit hinnahm – was mir natürlich ausgesprochen gut gefiel.

Bald schon entschlossen wir uns, zu heiraten. Nach einem vergeblichen Versuch, in England getraut zu werden – die Einwanderungsbehörde machte Schwierigkeiten –, landeten wir schließlich in der „Little Church of the West“ in Las Vegas.

Dort traute uns an einem wahnsinnig heißen Augusttag Pastor Johnny B. Love, der uns versicherte, daß dies sein richtiger Name sei.

Nicht lange, nachdem ich AC/DC verlassen hatte, erreichte mich die tragische Nachricht von Bon Scotts Tod. Der Sänger war nach einem die ganze Nacht dauernden Trinkgelage an seinem Erbrochenen erstickt. Was für ein lächerliches Lebensende, und was für eine Verschwendung! Bon war ein wirklich netter und großherziger Kerl gewesen, immer freundlich und aufrichtig. Ich hoffte, daß die Diskussionen, die wir über Christus gehabt hatten, und das Video „Jesus von Nazareth" ihn innerlich angerührt hatten. Wohin hatte der Erfolg diesen begabten Sänger gebracht! Und welche Ironie mag darin liegen, daß sein Album „Highway to Hell" ein Platin-Hit wurde.

Barry Taylor:

„Als Derek mich vor unserer Abreise im Hotel absetzte, gab er mir ein paar Bücher mit den Worten: ‚Ich möchte gern, daß du sie nimmst und liest. Sie haben mir entscheidend geholfen bei meiner neuen Lebenseinstellung.‘

Gezwungenermaßen nahm ich sie und warf einen gelangweilten Blick auf den oberen Titel. Das Buch hieß „Pardon, ich bin Christ“ von einem C.S. Lewis.

‚Danke, Derek‘, murmelte ich und versuchte, so nett wie möglich zu sein – in der Hoffnung, daß er mir nicht weiter auf den Wecker gehen würde, wenn ich die Bücher nähme.

Erleichtert stieg ich in den Tour-Bus und flüchtete mich wieder in das Leben auf Tournee. Als wir durch die Wüste nach Arizona fuhren, blätterte ich mich aus Langeweile durch die Bücher. Sie waren gar nicht so langweilig, wie ich gedacht hatte, sondern sie schnitten einige Themen an, über die ich noch nie nachgedacht hatte... Ich stopfte die Bücher ganz unten in meine Tasche und lebte wie vorher mit der Band weiter.“

Wer selbst nachlesen will, was Barry Taylor zunächst nicht nachlesen wollte: Bitteschön:

Voll drauf

Ein sonnig-kalter Februartag. Über den Marktplatz, die Straße zum Tor hinauf, gehe ich heim.

Hey, was machen die denn hier? Neben mir hält ein Auto. Durch das offene Fenster sprechen mich Bekannte an. „Brauchst du Trips? Guter Stoff aus Amsterdam...“ Ich bin begeistert. Fünfzig Mark kann ich ausgeben. Er macht einen guten Preis, und ich decke mich ein.

Mutter ist weg. Ich habe die Wohnung für mich – und ein halbes Dutzend Trips. Ein Geschenk des Himmels. Beste Voraussetzungen für eine unheimlich gute Nacht. Rock power. Jimi Hendrix. Kraft, die mich erfüllt. Das ist mehr als high sein... Unbändige Energie. Die Musik ist in mir selbst, ich bin voll davon, von Kopf bis Fuß. Wildheit, Freiheit ohne Grenzen...

Hans-Arved Willberg, Fragender in Sachen Musik und Christsein, weil er selbst seine Grenzen kennengelernt hat. Wer in seinem Buch nur nach einer Bestätigung des eigenen Urteils sucht, wird enttäuscht werden:

Chris Wright/Wolfgang Steinseifer

Kein Buch wie jedes andere

Die Bibel lesen und verstehen

128 Seiten. Kartoniert
Durchgehend vierfarbig illustriert

Die Bibel – nur ein alter und verstaubter Schinken? Von wegen! Zeitaktuell, politisch, praktisch, direkt und, und, und ... Und vor allem spricht sie jeden persönlich an. Eben *kein Buch wie jedes andere*.

Christ Wright und Wolfgang Steinseifer erleichtern uns den Einstieg ins Bibellesen. Sie nehmen uns mit auf die Reise vom ersten Buch der Bibel mit dem Schöpfungsbericht bis hin zum letzten, der Offenbarung, mit dem Ausblick auf Gottes neue Welt.

Wir bekommen erläutert, in welch ganz bestimmten Situationen die einzelnen Abschnitte der Bibel entstanden sind, es geht aber auch um praktische Fragen: Wie ist die Bibel aufgebaut? Wie und wann liest man so ein dickes Buch am besten?